# 경희궁

궁궐로 떠나는 힐링여행

궁궐로 떠나는 힐링여행 : 경희궁

글 · 그림   이향우
사     진   허경희, 이향우

초판 1쇄 발행   2024년 5월 15일

펴 낸 곳   인문산책
펴 낸 이   허경희

주     소   서울시 은평구 연서로3가길 15-15, 202호(역촌동)
전화번호   02-383-9790
팩스번호   02-383-9791
전자우편   inmunwalk@naver.com
출판등록   2009년 9월 1일

ⓒ 이향우, 2024

ISBN  978-89-98259-42-6   03910

인문여행시리즈 19

경희궁

궁궐로 떠나는 **힐링여행**

글 · 그림 이향우

인문산책

# 경희궁을 위한 연가

경희궁지의 지번은 서울시 종로구 새문안로 45번지이고, 새문안로 55번지에는 서울역사박물관이 있습니다. 그리고 경희궁이 있는 새문안길의 흥국생명 건물 앞에는 키가 22미터나 되는 아주 유명한 거인이 서 있습니다. 2002년 6월부터 20년 근속의 노동자 해머링 맨(Hammering Man)이 그 주인공입니다. 해머링 맨은 미국인 조각가 조나단 브롭스키(Jonathan Borofsky)의 철제 조각 작품으로 망치질하는 그의 형상은 노동의 숭고함을 나타냅니다. 이 거인은 오전 8시부터 오후 7시까지(동절기 6시까지) 35초마다 한 번씩 망치질을 하며 주말과 공휴일에는 쉽니다.

제가 왜 갑자기 해머링 맨을 들먹이느냐 하면 그가 일하고 있는 직장이 바로 경희궁 맞은편이니까요. 아직은 서울에 있는 조선시대 궁궐로 경복궁이나 창덕궁, 덕수궁 정도만 아는 사람들이 더 많습니다. 그리고 궁궐 이름을 들어본 적이 있다고 해도 창덕궁과 비원과 창경원을 혼동하는 분도 있지요. 그러니 당연히 경희궁을 찾아오려면 궁궐 이름이 익숙하지 않아서 어디에 있는지 잘 모르겠다는 사람이 많았습니다. 그래서 경희궁 오는 길을 이리저리 설명하기보다는 망치질하는 거인을 찾아오라고 했더니 훨씬 빨리 알아들었습니다.

오랫동안 일반인들에게는 이곳 새문안로에 궁궐이 있었다는 사실조차 알려지지 않았고, 이름조차 생소한 경희궁을 지금 NGO 시민단체의 문화재지킴이들이 경희궁의 역사적 의미를 일반 시민들에게 안내하고 있습니다. 정부나 문화재청 차원에서가 아닌 시민 자원봉사자들의 활동으로 경희궁이 아주 잊혀진 채 버려졌던 궁궐에서 이제 겨우 제자리에 대한 인식을 깨우치기 시작했다는 점에서 그나마 위안 삼을 수 있을 것입니다.

이렇게 경희궁을 지켜나가는 문화재지킴이들이 오로지 우리 역사를 제대로 알리고 많은 사람들과 함께하겠다는 신념으로 아무 대가 없이 힘든 시간을 견뎌내고 있는 점은 참 숭고해 보일 뿐입니다. 그들은 마치 더 많은 사람들이 경희궁을 찾고 그 소중함을 인식해 주기를 기다리는 우직한 거인 같아 보입니다.

경희궁은 그냥 부담 없이 한가한 시간을 보내기에 편안한 궁궐입니다. 주변에 박물관도 있고, 서울시 유산의 흔적이나 소소한 볼거리가 있을 뿐만 아니라 숲길을 따라 산책하기에도 좋습니다. 말 그대로 크게 긴장하지 않고 시간 되는 대로 즐기다 가면 되는 궁궐이 경희궁입니다. 남아 있는 건축물도 몇 없고, 다른 궁궐처럼 입장하기 위한 관람권도 필요 없습니다. 경희궁을 찾는 사람들도 모두 천천히 시간을 즐기면서 경복궁이나 창덕궁과 닮은 전통 왕실의 건축물을 들여다보고 갑니다. 날씨가 덥거나 추운 날은 서울역사박물관으로 들어가 경희궁과 관련된 서궐도(西闕圖) 병풍을 볼 수도 있습니다. 정말 전각 몇 채밖에 없는 경희궁이라는 현장을 걷는 것보다 옛날 경희궁의 모습을 그린 서궐도 병풍에 훨씬 많은 이야기가 펼쳐지고 있습니다.

경희궁 이야기는 제가 10여 년 전(2013년)부터 경희궁 해설을 위한 매뉴얼 작업을 준비하면서 시작되었습니다. 조선왕조의 5대 궁궐로서 그 역사적 의미가 결코 작지 않은 경희궁의 이야기가 무려 10년이 흐르도록 오랜 시간 마무리되지 못하고 사뭇 지지부진했던 이유는 현재 경희궁이 안고 있는 상황과 무관치 않았습니다. 우리가 아는 경희궁 이야기는 차라리 역사 기록에 더 풍부하고 그 전체적인 윤곽이 온전하게 그려지고 있는 반면, 현재 경희궁의 실제 상황은 매우 초라하기 그지없습니다. 제자리에 놓이지 못하고 엉뚱한 위치에 세워진 경희궁의 정문 흥화문(興化門)과 겨우 제자리를 지키고 있는 금천교(禁川橋), 그리고 달랑 세 개의 전각만 아주 생경한 모습으로 새로 지어졌습니다.

경희궁의 현재 면적은 도로에 침범당하고 축소되어졌습니다. 많은 사람들에게 경희궁은 도대체 궁궐의 영역을 표시하는 궁장도 없고, 대문과 동선이 연결되지도 않는 지금의 모습에서 조선시대에 왕이 주로 사용했던 중요한 궁궐이라는 인식이 쉽게 와 닿지 않습니다. 더구나 사방으로 온통 현대 건축물에 에워싸인 옹색한 경희궁의 모습은 그나마 얼마 남아 있던 흔적조차도 몽땅 사라져버렸습니다. 그 터에 있던 뽕나무밭도 사라지고, 높은 언덕 활 쏘던 황학정도 보이지 않는 지금 우리는 그 빈 터에서 무슨 이야기를 떠올려야 할까요.

그러나 이렇게 경희궁의 본래 모습을 짐작하기 어려운 상황에도 불구하고 경희궁을 되살려내는 중요한 키워드는 사람들의 흔적을 찾아가는 일이라 생각합니다. 저는 2015년 〈경희궁은 살아 있다〉라는 테마로 서울역사박물관에서 열렸던 경희궁 특별전에서 아주 신선한 감동을 받았습니다. 건물도 없고 그 속에 살았던 사람도 모두 사라진 지금 경희궁은 여전히 저의 시선을 끌고 있습니다. 경희궁이라는 이름만으로도 제가 그 속에서 찾아내어 여러분과 함께 공유하고 감동할 옛사람들의 숨결을 느껴볼 수 있을 듯합니다.

이번 경희궁 이야기는 경희궁 사람들을 만나고 그들이 향유했던 아름다우면서도 슬펐던 정경으로 되살려 보려 합니다. 이제 저와 함께 한양의 서편에 있던 궁궐 경희궁의 당당하고 찬란했던 역사 속으로 들어가 보실까요. 정조께서 사랑하던 경희궁의 언덕배기 송림의 솔잎에 이는 바람 소리에 젖어 들고 애틋한 그날의 이야기를 함께 공유해주시기 바랍니다.

그리고 저는 경희궁이 좀 더 제 모습을 찾아가는 복원을 위한 망치질이 다시 이어지기를 기다리고 있습니다. 우리의 진정한 역사를 되살리는 데 당신의 힘찬 망치질이 필요하다고 해머링 맨에게 말하고 싶습니다.

2024년 화양리에서

이향우

---

일러두기

1. 사진은 출판사와 저자가 함께 작업한 후 선별하여 수록했다.
2. 광해군 시기부터 영조 시기 전까지는 경덕궁으로 표기하였고, 영조 시기 이후에는 경희궁으로 표기하였다.
3. 참고문헌은 본문 뒤에 밝혀두었다.

# 차례

광해군 때 지어진 경덕궁(慶德宮)은 영조 때 경희궁(慶熙宮)으로 고쳐 불렀다. 삼각산의 서쪽 지맥인 인왕산이 남쪽으로 뻗어 내린 지세에 지어졌으며, 조선 후기 경복궁, 창덕궁과 함께 조선왕조의 3대 궁궐 중 하나로 규모가 큰 궁궐이었다. 일제강점기에 대부분의 전각이 경복궁 중건을 위해 헐려 나갔고, 그 흔적을 찾을 수 없을 만큼 훼손되어 조선왕조의 다섯 궁궐 가운데 가장 철저히 파괴된 궁궐이다.

# 1

## 경희궁을
## 깨우다

# 경희궁지

● 경희궁(慶熙宮)은 서부(西部)의 적선방(積善坊)에 있다.
동쪽은 흥화문(興化門)이고, 흥화문 내에는 금천교(錦川橋)가 있고,
또 그 동쪽은 흥원문(興元門)이다. 서쪽은 숭의문(崇義門)이고,
남쪽은 개양문(開陽門)이며, 북쪽은 무덕문(武德門)이다.

경희궁(慶熙宮)은 경복궁, 창덕궁, 창경궁, 경운궁(덕수궁)과 더불어 현존하는 조선시대에 지어진 5대 궁궐의 하나입니다. 그러나 이름으로 알고 있는 경희궁의 위상과 현재 경희궁의 실상은 나머지 네 궁궐이 보여주는 것과는 전혀 다른 모습으로 다가옵니다.

경희궁이 문화재로 인식되어 사적지로 지정이 된 것은 1980년 9월 16일입니다. 그러나 경복궁이나 창덕궁 등 이 궁궐 전체가 사적으로 지정된 것과는 달리 지정 명칭이 '경희궁지(慶熙宮址, 사적 제271호)'입니다.

## ▌ 경희궁의 문
· 흥화문(興化門) : 복원된 경희궁의 정문으로 동향. 단층문
· 흥원문(興元門) : 경희궁의 동문. 왕실 가족이나 궁녀, 궁궐에서 잡일을 하는
　　　　사람들이 출입
· 건명문(建明門) : 정문과 전문(殿門) 사이의 중간문. 조참례(朝參禮), 시사(試射),
　　　　교서(敎書)나 대유(大猷)를 반포. 죄인 추국. 신문고 설치 운영
· 개양문(開陽門) : 경희궁의 남문. 관료들이 궐내각사로 출입하던 문
· 숭의문(崇義門) : 경희궁의 서문. 비상시 사용
· 무덕문(武德門) : 경희궁의 북문. 인경궁 또는 사직단에 갈 때 이용

1980년 당시 문화재로서 지정 대상이 되는 경희궁의 구조물이 없는 상태였으므로 그 터 자체만 사적지로 삼은 것입니다. 그리고 복원된 건축물이 등장한 것은 1990년대 이후의 일이었고, 이에 따른 경희궁지의 관리 주체가 문화재청이 아닌 서울시(서울역사박물관)와 종로구청이라는 사실을 인식할 필요가 있습니다. 현재 경희궁지 내에 복원된 건축물의 시설 관리는 서울시가 하고, 경내의 조경 관리는 종로구청이 담당하고 있습니다.

경희궁은 삼각산의 서쪽 지맥인 인왕산이 남쪽으로 뻗어내린 지세에 지어진 궁궐로, 건설 당시 부지 7만 2천 8백 평에 정전, 동궁, 침전, 별당을 비롯해서 모두 98채의 전각이 들어섰습니다. 순조 이후 경희궁은 100여 동이 넘는 전각들이 유지될 만큼 그 규모가 컸으며, 경복궁, 창덕궁과 함께 조선왕조의 3대 궁궐 중 하나로 큰 궁궐이었습니다. 그러나 1865년 경복궁 중건을 위해 전각 몇 채를 남긴 채 대부분 헐려 나갔고, 일제강점기에는 그 흔적을 찾을 수 없을 만큼 훼손되어 조선왕조의 다섯 궁궐 가운데 가장 철저히 파괴된 궁궐입니다.

경희궁 궁역은 이미 일제강점기부터 일반 주택가에 잠식된 여러 구역으로 인해 궁장(宮墻)의 흔적뿐만 아니라 궁궐의 외곽 경계선이 어디쯤인지조차 정확하게 가늠하기가 어려운 상태가 되었습니다. 따라서 경희궁의 정문이 흥화문(興化門)이라는 정도만 인식하고, 그 외에 각 방향에 있던 흥원문(興元門, 동쪽 문), 개양문(開陽門, 남쪽 문), 숭의문(崇義門, 서쪽 문), 무덕문(武德門, 북쪽 문)은 그 이름도 생소할 뿐만 아니라 그 위치를 찾아보기 어려운 상황입니다.

현재 남아 있는 경희궁의 건물은 정문이었던 흥화문과 정전이었던

숭정전, 자정전, 태령전까지 세 채에 불과하고, 후원의 정자였던 황학
정은 사직단 뒤편으로 옮겨갔습니다. 현재 옛 경희궁 터 구역 안에는
서울역사박물관(2002년 5월 개관), 서울시교육청(1981년 8월, 신문로 2가
2-77번지) 등이 상당한 면적을 잠식하고 있으며, 서쪽 언덕 위로는 한양
성벽의 경계에 걸쳐 서울기상청이 있습니다.

　조선시대 경희궁의 배치도는 순조 때 그려진 〈서궐도안西闕圖案〉에서
확인해볼 수 있는데, 채색이 되어 있지 않은 밑그림 형태로 세밀하게
경희궁의 옛 모습을 묘사하고 있습니다. 또한 〈경희궁도慶熙宮圖〉라는
채색된 그림이 전해지지만, 19세기경에 제작된 것으로 추정되어 그 이
전 경희궁의 변모를 확인하는 데는 한계가 있습니다.

● 조선의 5대 궁궐

| 별칭 | 궁궐 | 창건 연대 및 특징 | 정문 | 정전 | 편전 | 침전 |
|---|---|---|---|---|---|---|
| 북궐 | 경복궁 | 태조 4년(1395)<br>조선 최초의 법궁 | 광화문 | 근정전 | 사정전 | 강녕전<br>교태전 |
| 동궐 | 창덕궁 | 태종 5년(1405)<br>이궁-270여 년간 법궁 | 돈화문 | 인정전 | 선정전 | 희정당<br>대조전 |
| | 창경궁 | 성종 14년(1483)<br>별궁 역할 | 홍화문 | 명정전 | 문정전 | 환경전<br>경춘전 |
| 서궐 | 경희궁 | 광해군 12년(1620)<br>이궁-초기 경덕궁 | 흥화문 | 숭정전 | 자정전 | 융복전<br>회상전 |
| 횡궐 | 경운궁<br>(덕수궁) | 정릉동 행궁<br>1897년 대한제국 선포 | (인화문)<br>대한문 | 중화전 | 덕홍전 | 함녕전 |

## ❖ 서궐도안

서궐(西闕)은 북궐(北闕)인 경복궁의 서쪽에 있는 궁궐, 즉 경희궁(慶熙宮)의 다른 이름이다. 〈서궐도안西闕圖案〉은 부감법(俯瞰法)을 이용하여 경희궁의 건축과 주변의 경관을 한눈에 파악할 수 있도록 먹 선만으로 그린 초본 형태의 그림이다. 궁궐의 구조를 동쪽에서 바라보는 평행사선 구도로 그리고, 건물은 전체 궁궐의 핵심 부분인 정전(숭정전)·편전(자정전)·침전(융복전·회상전) 등이 화면 중앙에 오도록 구도를 잡았다. 경희궁의 좌향이 남향이고, 정문이 동쪽 담장 끝에 동향으로 세워져 있으며, 궁궐의 전각이 동쪽에서 서쪽으로 배치되어 있는 궁궐의 특징을 효과적으로 나타내기 위해 본래 지형보다 동서로 길게 늘어난 구도가 특징이다. 이렇게 부감법에 의한 시각 처리와 평행사선 투시로 동서가 길게 늘어난 구도는 비슷한 시기에 제작된 것으로 추정되는 〈동궐도東闕圖〉에서도 보이는 표현 방식이다.

〈서궐도안〉은 가로로 12폭의 종이를 이어 붙인 화폭 위에 먹선으로 그렸다. 국보 제249호로 지정된 〈동궐도〉와는 달리 채색이 가해지지 않은 밑그림 형태로 전해지고 있다. 건물은 자를 대고 윤곽선을 명료하게 긋고 각 건물의 지붕에 이름을 써넣었는데, 먹선 아래에는 밑그림이 남아 있는 부분이 있다. 현재 대부분의 전각이 이건, 변용, 훼철되어 버린 경희궁의 옛 모습을 한눈에 살필 수 있을 뿐만 아니라 각 부분의 자세한 묘사로 복원의 토대가 되는 중요한 그림이다.

〈서궐도안〉에 이름이 기록된 건물은 모두 99군데에 이르는데, 정조가 세손 시절인 영조 50년(1774)에 쓴 《정묘어제경희궁지正廟御製慶熙宮誌》에 기록되어 있는 건물명이나 《궁궐지宮闕志》(헌종 연간)의 기록과 비교했을 때 시기적인 변화를 파악할 수 있다. 특히 1829년 경희궁의 여러 전각이 화재로 소실되자 1830년 중건을 시작하여 1831년 완성하였는데, 《서궐영건도감의궤西闕營建都監儀軌》를 통해 경희궁 중건에 관한 자세한 상황을 알 수 있다. 〈서궐도안〉의 제작 시기는 순조 때 경희궁 화재 이후 1831년 《서궐중건도감의궤》에 나타난 경희궁의 모습과 다른 점이 있어 1829년 화재 이전의 모습을 그린 것으로 추정된다. 〈서궐도안〉에 나타난 경관의 산과 나무의 표현법은 이의양(李義養)의 화풍과 통하는 것으로 여겨지고 있다.

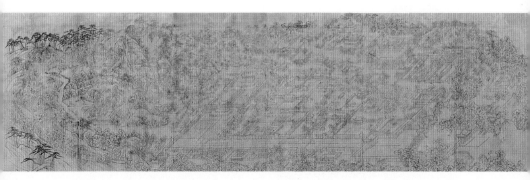

〈서궐도안〉, 1829년 이전, 종이에 먹, 127.5×401.5cm, 고려대학교박물관 소장, 보물 제1534호

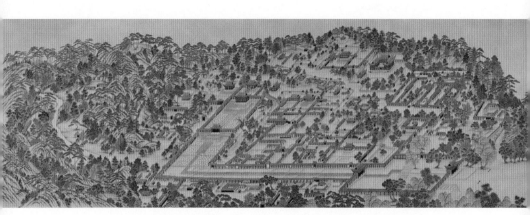

〈서궐도〉, 2014년, 비단에 채색, 130×400cm, 서울역사박물관 소장

| | | | | |
|---|---|---|---|---|
| 46 봉안간(奉安閣) | 41 궁방(弓房) | 36 석조(石造) | 31 상의원(尚衣院) | 26 경현당(景賢堂) |
| 47 경봉각(敬奉閣) | 42 벽파담(碧波潭) | 37 송단(松壇) | 32 일영대(日影臺) | 27 장락전(長樂殿) |
| 48 어조당(魚藻堂) | 43 금루(禁漏) | 38 덕유당(德游堂) | 33 도수연(陶邃椽) | 28 용비루(龍飛樓) |
| 49 호위청(扈衛廳) | 44 집희당(輯熙堂) | 39 관사대(觀射臺) | 34 영렬천(靈冽川) | 29 봉상루(鳳翔樓) |
| | 45 심서헌(審書軒) | 40 빈청(賓廳) | 35 춘화정(春和亭) | 30 흥원문(興元門) |

# 서궐도

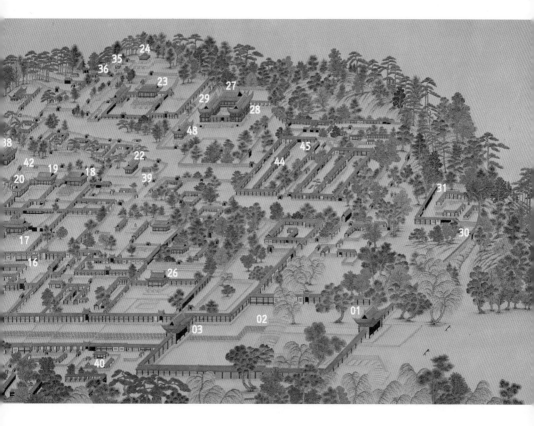

# 새문안길

경희궁과 인접한 ✿새문안로(新門內路)는 서울특별시 종로구 평동 211에서 세종로 1-68을 잇는 왕복 8차선의 도로입니다. 새문안로의 옛 명칭 신문로(新門路)는 광화문 사거리와 서대문 사거리를 잇는 대로를 말합니다. 길 이름은 서대문이 몇 차례 그 위치가 바뀌면서 현재의 강북삼성병원과 경향신문사 사이에 새로 문을 내어 신문(新門)이라한 데서 유래되었습니다. 또 영조 때 경희궁과 돈의문(敦義門)이 너무 가까워 문을 거의 닫아두었던 데서 옛 서대문을 닫힌 문이라 하여 '새문(塞門)'의 안길이라는 의미도 있습니다. 즉, 신문·새문의 안길에서 음과 뜻으로 붙여진 이름입니다.

한양도성의 4대문 중 서대문인 돈의문은 태조 5년(1396) 지금의 사직터널 자리에 세워졌습니다. 태종 13년(1413) 돈의문을 폐쇄하고 경희궁이 있던 서쪽 언덕에 새로 문을 내고 서전문(西箭門)이라 하였습니다. 세종 4년(1422)에 서전문을 헐어버리고 오늘날 신문로 언덕 위에 문을 세우니 옛날 이름과 같이 돈의문이라 하였습니다. 백성들이 '새문[新門-새

✿ **새문안로 :** 신문로2가 59번지에는 비변사가, 신문로1가 169번지에는 선공감이 있었다. 도로변에 창덕여자중학교·새문안교회·구세군회관·강북삼성병원·서울적십자병원·정동이벤트홀·경향신문사·농업박물관·농협중앙회·서울지방국토관리청 등이 있고, 맞은편에는 서대문경찰서가 있다.

로 세운 문'이라 불러 길 이름도 새문안길, 신문로라 했습니다.

● 세종 4년(1422) 2월 23일 2번째 기사
도성의 역사(役事)를 마쳤다. 성을 돌로 쌓았는데, 험지는 높이가 16척이요, 그
다음으로 높은 곳이 20척이요, 평지는 높이가 23척이었다. 수문(水門) 2칸(間)을
더 설치하여 막힌 것을 통하게 하고, 서전문(西箭門)을 막고 돈의문(敦義門)을
설치하였다. 성의 안팎에 모두 넓이가 15척이나 되는 길을 내어 순심(巡審)하는
데 편리하게 하였다.

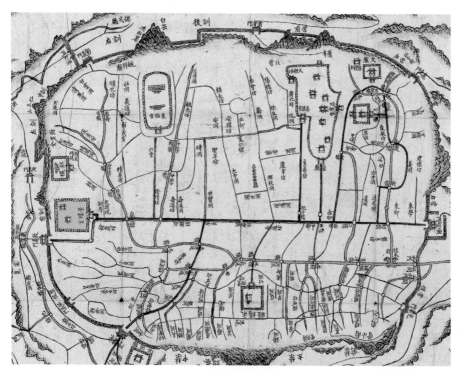

1830년대 한양을 그린 〈조선성시도朝鮮成市圖〉 중 경희궁의 위치 (서울역사박물관 소장)

# 서대문과 경희궁

　　'의(義: 서쪽)를 두텁게 한다'는 의미의 돈의문(敦義門)은 한양도 성의 서쪽 대문이라 해서 서대문으로도 불립니다. 일제강점기인 1915 년에 강제 철거되어 4대문 중 유일하게 현존하지 않는 문입니다. 경희 궁과 바로 인접해 있는 돈의문은 궁궐 경호상의 이유로 숙종 32년 (1706)부터 왕이 이곳에 임어할 때마다 문을 폐쇄했는데, 이 조치는 1744년 영조가 중지시키기 전까지 지속되었습니다.

● 숙종 33년(1707) 9월 14일 1번째 기사
주강(晝講)에 나아갔다. 승지 황일하(黃一夏)가 아뢰어 돈의문(敦義門)을 열 것

한양도성 사대문 중 하나인 돈의문

을 청하니 허락하였다. 일찍이 전에 경덕궁(慶德宮)으로 이어(移御)할 때는 돈의문을 닫는 일이 없었는데, 지난해에 처음으로 닫았으므로 문 밖에서 대궐로 오는 자가 모두 소덕문(昭德門)의 성 위를 경유하여 다니어서 도리어 어지럽고 소란스럽게 되었다. 그러므로 황일하가 이와 같이 진달한 것인데, 백성들이 모두 편리하게 여겼다.

● 영조 20년(1744) 3월 14일 2번째 기사
임금이 대신과 비국 당상을 인견하였다. 영의정 김재로(金在魯)가 말하기를, "관무재(觀武才: 조선시대 무과의 하나) 때문에 거둥할 시기가 멀지 않았는데, 전에는 돈의문은 여닫는 것이 일정하지 않았었습니다만 근년에 여염(閭閻)이 깨끗하지 못하고 궁장에서 너무 가깝다는 이유로 부득이 닫아버렸었습니다. 지금의 환궁하시기 전까지를 기한으로 하여 임시로 연 연후에야 인마(人馬)의 출입이 편리할 수 있겠습니다." 하니, 임금이 말하기를, "내일부터 열고, 환궁한 뒤에도 그대로 열고 닫고 하라. 이 뒤로 다시 경덕궁(慶德宮)으로 이어하더라도 다시 품하지 말고 그대로 전처럼 여닫게 하라." 하였다.

서대문의 폐쇄로 사람들은 소의문(昭義門)으로 통행을 했으며, 이로 인해 경희궁과 인접한 서대문로(현 새문안로)의 위상도 축소될 수밖에 없었습니다. 1890년대의 한 사진을 보면 성벽과 구장이 일정한 간격을 두고 평행하게 내려오다가 경희궁의 동문인 숭의문(崇義門)을 지나 갈라지는 것을 확인할 수 있습니다.

새문안길은 1914년 4월 1일 행정구역 명칭을 개편할 때 행정구역 이름이자 가로명으로 서대문정1·2정목이라고 이름하였다가, 1946년 10월 1일 명칭을 바꿀 때 서대문로라 칭하였습니다. 1950년 3월 5일 신문로로 되었으며, 1984년 11월 7일 서울특별시공고 제673호로 새문안길로 변경되었습니다.

## ● 새문안길 박물관거리 둘러보기

서울역사박물관

돈의문박물관

## ● 해머링 맨(Hammering Man)

　서울 종로구 흥국생명빌딩 옆에 설치되어 있는 해머링 맨은 미국 조각가인 조나단 브로프스키(Jonathan Borofsky)의 연작이다. 어린 시절 아버지가 들려주었던 친절한 거인 이야기에서 해머링 맨의 영감을 얻어 구두 수선공이 망치질 하는 모습을 표현한 것이라고 한다.

　해머링 맨은 1979년 미국 뉴욕의 전시회에서 3.4미터 크기로 첫선을 보였다. 이후 해머링 맨 연작으로 미국 시애틀·댈러스·캘리포니아·미니애폴리스·개인스빌·로스앤젤레스, 독일 프랑크푸르트, 스위스 바젤, 노르웨이 릴레스톰, 일본 나고야 등에 설치되었다.

　우리나라 서울까지 총 11개 도시에 설치된 시리즈 중 새문안길에 있는 해머링 맨이 키 22미터, 무게 50톤으로 세계에서 가장 크다.

　해머링 맨은 목을 구부린 채 오른손에 있는 망치를 아래로 조심스럽게 천천히 내리치기를 반복한다. 새문안길의 우직하고 근면한 거인은 2002년 6월부터 현재까지 20년 넘게 평일 오전 8시부터 오후 7시(하절기 기준)까지 35초마다 1회씩 망치질을 하고 있다. 요즈음 주 5일 근무로 주말과 공휴일에는 망치질을 하지 않는다.

광해군이 정원군의 잠저인 새문동의 집터에 왕기가 있
다는 이야기를 매우 싫어하여 그 집을 철거하고 경덕
궁(경희궁)이라는 궁궐을 지어 그 터의 왕기를 눌렀다.
인조반정으로 광해군이 폐위되고 인조가 왕위에 오르
자 그의 부친 정원군을 추숭하여 원종이 되었으니, 왕
기의 설(說)은 참으로 기이한 예언이었다.

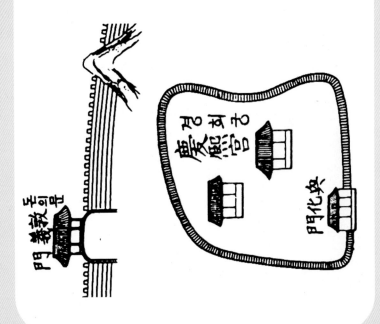

# 2

광해,
경덕궁을 창건하다

인왕산을 배경으로 한 숭정전입니다.

# 광해군과 경덕궁

경희궁의 창건 당시 궁호(宮號)는 경덕궁(慶德宮)이었습니다. 그리고 경덕궁을 지은 임금은 광해군입니다. 광해군은 재위(1608~1623) 기간에 창덕궁(昌德宮)과 창경궁(昌慶宮)을 짓고, 새로 경덕궁, ✿인경궁(仁慶宮: 인왕산 아래에 지었던 궁궐), ✿자수궁(慈壽宮: 경복궁의 서편에 지어졌던 별궁)을 지었습니다.

광해군은 1575년(선조 8) 선조와 후궁 공빈 김씨 사이에서 둘째 서자로 태어났습니다. 부왕 선조는 중종의 후궁 창빈 안씨의 후손인 덕흥군의 아들로, 조선 최초 방계 출신으로 왕위에 오른 국왕이었습니다. 이로 인해 승계의 정통성에 민감했던 선조는 자신의 후계는 반드시 직계인 적자로 세우려는 의지가 강했습니다. 선조의 이런 승계 콤플렉스는 광해군을 세자로 책봉한 후 내내 불안 요소로 작용해 아들을 괴롭혔습니다.

✿ **인경궁** : 광해군 9년(1617) 경복궁 서쪽에 새로운 궁궐인 인경궁을 짓기 시작하였다. 지금의 서촌 지역이 모두 인경궁 영역일 정도로 영역이 컸고, 궁궐의 전각 지붕을 모두 청기와로 올려 정궁으로 지었다. 인조반정 후 인목대비가 인경궁에서 거처하였다.

✿ **자수궁** : 광해군 8년(1616) 경희궁 일대에 왕의 기운이 서린다는 풍수설로 인해 광해군이 인왕산의 왕기를 차단할 목적으로 지은 궁궐로, 현재 종로구 옥인동에 위치했을 것으로 추정한다. 인조반정으로 광해군이 쫓겨난 후 자수원(慈壽院)으로 이름이 바뀌었다가 비구니를 위한 이원(尼院)으로 사용하였다.

겸재 정선의 〈삼승조망도〉는 1740년 당시 한양 인왕산 자락의 전경을 그렸다.

　　1592년 발생한 임진왜란을 계기로 광해군이 급박하게 세자에 오르게 되었습니다. 선조는 전황이 불리해지자 파천(播遷: 임금이 수도를 버리고 다른 지역으로 피신하는 것)을 선택했습니다. 전시에 왕의 목숨조차 장담할 수 없는 위기 상황이었고, 조정은 만일의 사태에 대비하여 후계자를 지명해야 한다고 목소리를 높였습니다. 세자 책봉 논의가 나온 지 불과 하루 만인 4월 29일 18세의 광해군은 전격적으로 왕세자가 되었습니다. 그리고 선조는 광해군에게 분조(分朝: 조정을 둘로 나눔)를 맡겨 전쟁을 수습하게 하였습니다.

　　선조가 의주로 피난하고 명나라로 망명할 생각까지 하던 때에 18세의 광해군은 분조를 이끌고 곧바로 왜군이 포진해 있는 남쪽으로 향했습니다. 전국이 왜군의 수중에 떨어진 상황에서 위험한 적진 한복판으로 들어간 것입니다. 당시 청년시절의 광해군의 활약은 훗날 폭정으로 폐위된 국왕으로서의 그에 대한 평가와는 별개로 조선왕조 역사상 외적과의 전면전에 국왕 대신 조정을 이끌고 직접 전쟁터를 누빈 유일한 사례로 긍정적인 평가를 합니다.

국왕 선조는 국외로 망명할 생각으로 서울을 버리고 도주했고, 광해군이 유일하게 왕실의 일원으로서 해야 할 일을 감당해냄으로써 그의 활약에 따른 민심 수습과 군대와 의병의 사기 진작, 왕실 이미지 회복의 효과들은 매우 컸습니다. 왕세자 광해군은 선조와 함께 의주로 가는 길에 영변에서 만약의 사태에 대비해 분조를 위한 국사권섭(國事權攝)의 권한을 위임받았으며, 그 뒤 7개월 동안 강원도·함경도 등지에서 의병 모집 등 분조 활동을 하였습니다. 서울이 수복되고 명나라의 요청에 따라 조선의 방위 체계를 위해 군무사(軍務司)가 설치되자 왕세자 광해군도 이에 관한 업무를 주관하였으며, 1597년 정유재란이 일어나자 전라도에서 모병·군량 조달 등의 활동을 전개하였습니다.

# 광해군의 불안과 토목 공사

1594년 조선 조정은 윤근수를 명나라에 파견해 광해군의 세자 책봉을 주청했으나, 장자인 임해군이 있다 하여 거절당하였습니다. 1606년 선조의 계비 인목왕후 김씨에게서 선조의 적자(嫡子) 영창대군이 탄생하였습니다. 그러나 영창대군은 어렸고, 1608년 선조가 죽자 광해군이 왕위에 오르고, 이듬해 제15대 국왕으로 책봉되었습니다.

광해군의 입지는 태어날 때부터 성장 과정에 이르기까지 자신말고는 어디 한 군데 의지할 곳 없이 외로웠습니다. 어머니 공빈 김씨는 임해군과 광해군 두 형제를 남기고 광해군이 세 살 때 죽었습니다. 광해군의 생모 공빈 김씨가 죽자 선조는 인빈 김씨를 총애하여 그녀가 낳은 신성군을 세자로 삼고 싶어 했습니다.

1592년 급박해진 전쟁의 상황 속에서 광해군은 나라를 책임질 위중한 자리에 등 떠밀려 세자가 되었으나, 아들의 성과를 시샘한 부왕 선조의 냉대는 점점 도를 더해갔습니다. 게다가 전쟁이 끝나고 세자 광해군이 서자이며 둘째 아들이라는 이유로 영창대군을 후사(後嗣)로 삼을 것을 주장하는 소북(小北)과, 광해군을 지지하는 대북(大北) 사이에 붕쟁이 확대되었습니다. 그러나 선조의 갑작스러운 승하로 보위에 오른 광해군에게 영창대군의 존재는 여전히 왕을 위협할 수 있는 선조의 적자였습니다.

부왕으로부터 제대로 인정받지 못했던 그의 인간적인 콤플렉스로 인한 고통이 얼마나 컸을지 짐작해 볼 수 있습니다. 광해군이 국왕으로 즉위하였으나, 그의 주변에는 동복형 임해군, 어린 영창대군 등 온통 그의 자리를 위협하는 상황뿐이었습니다. 차라리 인조반정으로 폐위되고 제주에 유배를 간 상황에서 광해군이 천수를 누리고 죽었다는 것은 그가 정신적으로 해방되었다는 것을 증명하는 듯하여 인간 광해군에 대한 연민으로 애틋하기까지 합니다. 그는 마지막 유배지 제주에서 1641년(인조 19)에 67세로 죽었습니다.

광해군은 15년 재위 내내 궁궐을 짓고 또 지었습니다. 당시의 국가 재정으로 보아 신료들의 반대를 무릅쓰고 무리한 궁궐 신축을 추진했던 광해군의 행적을 이해하기 어렵습니다. 아무리 전쟁 후의 복구라고는 하지만, 역대 국왕 중 광해군만큼 궁궐 역사(役事)에 전력을 다해 오랫동안 매달린 왕은 찾아보기 힘듭니다. 국왕의 자리에서 늘 불안에 떨고 사소한 역술에도 민감했던 광해군이 매달린 것은 자신의 불안을 잠재울 길한 터를 찾는 일이었으며, 폐위되는 시점까지도 진행되었던 궁궐 짓기였습니다. 물론 전쟁이 끝난 직후 소실된 종묘와 궁궐을 짓는 일은 왕실의 권위를 되살리기 위해서 무엇보다 서둘러야 할 일이기는 하였지만, 광해군은 창덕궁과 창경궁을 재건하고, 경덕궁을 짓고 나서도 또 다른 궁궐 신축을 서둘렀습니다. 궁궐의 중건을 서두르는 과정에서 광해군은 왕조 최초의 법궁이었던 경복궁 중건을 포기하고 이궁이었던 창덕궁을 먼저 지었습니다. 그리고 창덕궁이 완공된 후에는 당백전을 발행하면서까지 다시 신 궁궐 역사에 매달렸습니다. 전란이 끝난 지 얼마 되지 않은 상황에서 강행한 무리한 토목 공사는 가뭄 등 천재지변과 겹쳐 국가 경제에도 부담을 주었을 뿐만 아니라, 공역으로 지친 백성들의 민심마저 돌아서게 만들었습니다.

# 임진왜란 이후의 궁궐

　　1592년(선조 25)에 발발한 임진왜란으로 인하여 조선 초기에 조성된 경복궁·창덕궁·창경궁 등의 궁궐들이 모두 소실되고 말았습니다. 서울의 모든 궁궐을 비롯한 종묘와 관아의 건물들이 거의 파괴되어버렸고, 폐허가 된 한양으로 돌아온 선조는 월산대군의 후손 양천도정(陽川都正) 이번(李濂: 월산대군의 증손)이 살던 집에 몸을 의탁했습니다. 선조는 14년 4개월을 정릉동 행궁(현재의 덕수궁)에서 지내다가 종묘와 창덕궁의 완공을 보지 못한 채 행궁 침전에서 57세로 승하했습니다.

　　1608년 광해군이 즉위하면서부터 창덕궁 재건이 시작되었습니다. 물론 처음 중건 대상으로 논의되었던 궁궐은 당연히 경복궁이었으나, 그 중건의 규모가 전쟁 후의 경제 상황으로 볼 때 인력과 건축 자재의 투입이 어렵게 되자 중건 규모를 줄이자는 공론이 조성되었습니다. 그리고 당시 경복궁 터가 불길하니 창덕궁을 중건해야 한다는 풍수가(술사)의 주장이 받아들여지면서 광해군은 경복궁 중건을 포기하고 창덕궁을 중건하는 쪽으로 결론을 내렸습니다.

　　광해군은 창덕궁과 창경궁의 중건을 거의 마치고 나서도 불길하다는 이유로 임어(臨御)하지 않고 계속 정릉동 행궁에 머물렀습니다. 그리고 마침내 1615년(광해군 7) 3월까지 3년 반 동안 경운궁에 머물다가 왕은 4월 2일에야 창덕궁으로 이어(移御)하였습니다.

덕수궁의 즉조당(왼쪽)과 석어당(오른쪽).
선조가 임진왜란 이후 행궁으로 사용했고, 광해군과 인조가 즉조당에서 즉위했다.

● 광해군 5년(1613) 1월 1일 3번째 기사

예조가 계청하기를, "3월 12일에 창덕궁으로 거처를 옮기소서." 하니, 왕이 답하
기를, "법궁을 영원히 옮기는데 좋은 날을 잘 가리지 않을 수 없다. 각전(各殿)
과 모두 날짜를 협의하여 다시 별도로 택일하여 아뢰라." 하였다.

【왕이 일찍이 지관(地官) 이의신(李懿信)에게 몰래 묻기를 "창덕궁은 큰일을
두 번 겪었으니 내 거처하고 싶지 않다." 하였는데, 이는 노산(魯山: 단종)과 연
산(燕山)이 폐치되었던 일을 가리키는 것이다. 의신이 답하기를 "이는 고금의
제왕가(帝王家)에서 피할 수 없었던 변고입니다. 궁전의 길흉에 달린 것이 아
니라 오로지 도성의 기운이 빠졌기 때문입니다. 빨리 옮기시는 것이 좋습니
다." 하였다. 왕이 이로 말미암아 창덕궁에 거처하지 않는데, 군신들이 거처
를 옮기기를 여러 차례 청하였으나 왕이 따르지 않았다. 그 후 행궁에 변괴가
나타나자 비로소 창덕궁에 거처하면서 더욱 꽃과 돌 같은 물건으로 꾸몄지만,
오래 있을 뜻이 없었다. 이에 창경궁을 짓도록 재촉하고는 궁이 완성되자 또

거처하지 않고, 드디어 두 채의 새 궁을 짓도록 하였다. 완성시킨 후에 거처하려고 하였기 때문에 경덕궁(慶德宮)을 먼저 완성하였는데, 인경궁(仁慶宮)이 채 완성되지 않아 왕이 폐위되었으니, 모두가 의신이 유도한 것이다.】

● 광해군 5년(1613) 12월 20일 1번째 기사
양사가 아뢰기를,
"법궁(法宮)을 중수(重修)한 지가 이미 여러 해가 지났으므로 온 나라의 신민들이 이어(移御)하시기를 날마다 바라고 있으며, 계청하여 윤허를 받은 것이 한두 번이 아닌데, 지금까지 미루고 있으니, 여정(與情)이 함께 답답해하고 있을 뿐만이 아닙니다. 이 경운궁(慶運宮)은 지대가 낮아 습하고 좁으며 여염 속에 섞여 있어 이미 임금이 계시기에는 합당하지 않았는데, 흉역의 변을 겪은 뒤로부터 독하고 더럽고 요괴스럽고 간사한 기운이 궁궐에 가득하니 더욱 일각도 그대로 계셔서는 안 됩니다. 지금 삼양(三陽)이 절서를 바꾸어 만물이 새로워지고 있으니, 궤도를 돌려 성대하게 때에 맞추어야 할 때가 바로 이때입니다. 빨리 이어하라 명하시어 온 나라 사람들의 소망에 답하소서."
하니, 답하기를,
"내년에는 당연히 옮길 것이니 번거롭게 논하지 말라." 하였다.

● 광해군 7년(1615) 4월 2일 1번째 기사
왕이 창덕궁으로 이어하였다. 【앞서 왕이 경운(慶運) 행궁에 길한 기가 있다는 것을 들었고, 창덕궁은 일찍이 내변(內變)을 겪었으므로, 창덕궁이 비록 중건되었지만 거처하려 하지 않았다. 대신들이 여러 차례 청하였으나 윤허하지 않다가 이때 이르러 대내(大內)에 요사스런 변괴가 많았으므로 곧 택일하여 이어하였다. 그런데 택일하여 갈 때 귀신을 쫓는 술법을 많이 써서 서울 사람들이 크게 놀라워했다.】

# 새 궁궐을 짓다

　　광해군은 창덕궁으로 이어하고 나서 법궁에 사고가 났을 때 왕이 이어할 곳이 없다는 명분으로 광해군 8년(1616) 봄부터 다시 새 궁궐 영건을 추진하였습니다. 새 궁궐은 인경궁(仁慶宮)으로 인왕산 아래 사직단 뒤편에 터를 잡아 창경궁 중건 공사 후 남은 재물을 옮겨 신궐의 창건을 준비하였습니다.

　　그러나 광해군은 인경궁 영건 공사가 본격적인 단계에 접어든 상황에서 그해 6월 또 다른 궁궐을 새문동에 짓자는 의논을 하게 되었습니다. 이는 역술인 김일룡이 정원군(인조의 생부, 후에 원종으로 추존)의 저택이 있는 새문동에 왕기가 서려 있으니, 이곳에 궁궐을 짓자는 말을 따른 것이라고 했습니다.

　　또한 정조 때 지은 〈경희궁지慶熙宮志〉에는 문헌에 수록된 글을 인용하여 왕기설과 연결지었습니다.

● 광해군이 새문동(塞門洞)의 궁궐에 왕기(王氣)가 있다는 이야기를 매우 싫어하여 그 궁궐을 철거하고 경덕궁(慶德宮)이라는 새로운 궁궐을 지어 그 터를 눌렀다. 인조반정 이후 정원군(定元君)을 원종(元宗)으로 추숭(追崇)하여 왕기(王氣)의 설(說)은 참으로 기이한 예언이다. [이상은 《✿조야첨재朝野僉載》에 있다.]

✿ 조야첨재 : 조선 태조에서 숙종 46년까지의 사실을 《국조보감》, 〈용비어천가〉 등을 침고하여 서술한 역사서

광해군은 왕기가 서렸다는 새문동 정원군의 집터에 경덕궁을 세웠다.

새 궁궐 경덕궁은 광해군 9년(1617)부터 짓기 시작하여 인경궁, 자수궁과 함께 광해군 12년(1620)에 완공되었습니다. 경덕궁의 공사가 거의 마무리되어 갈 무렵 인조반정으로 광해군이 폐위되고 인조가 즉위하였습니다. 즉위 초반부터 궁궐을 짓기 시작한 광해군은 정작 자신이 지은 경덕궁에도 임어하지 못한 채 폐위되고 말았습니다.

처음 새 궁전을 짓기 시작했을 때는 서별궁으로 부르다가 공사 도중인 1617년 경덕궁(慶德宮)으로 불렀습니다. 궁궐이 건립된 이후에는 10대에 걸쳐 왕들이 정사를 보았는데, 영조 36년(1760) 인조의 생부 원종(추존 왕)의 시호(恭良敬德 仁憲靖穆 章孝大王)인 '경덕(敬德)'과 음이 같다고 하여 경덕궁에서 경희궁(慶熙宮)으로 고쳐 불리게 된 것입니다.

경덕궁의 정전 숭정전

조선왕조의 최초의 법궁인 경복궁을 중심으로 동쪽에 있는 창덕궁과 창경궁을 동궐(東闕)로 부른 데 대해 서쪽에 자리한 경덕궁(경희궁)은 서궐(西闕)로도 불렀으며, 새문안 대궐, 새문동 대궐, 아주개 대궐이라고도 하였습니다.

임진왜란 이후 조선왕조 후기에는 창덕궁을 법궁으로 삼고 경덕궁을 이궁(離宮)으로 사용하였습니다. 창경궁은 창덕궁과 연이어 있어서 창덕궁과 별개의 궁궐로 구분하기보다는 동궐의 개념으로 같은 영역으로 인식하였습니다. 임진왜란 이후 조선 중기 이후부터는 국왕은 주로 창덕궁에 주재하며 왕의 정치적 공간으로 사용하였기 때문에 법궁의 개념은 창덕궁으로 한정하였습니다. 이에 조선왕조의 국왕들은 자연스럽게 동궐을 법궁으로 사용하고 서궐을 이궁으로 사용하였는데, 이 이궁 체제는 조선왕조 후기 인조부터 철종 시기까지, 즉 고종 때 경복궁이 복구되기 직전까지 유지되었습니다.

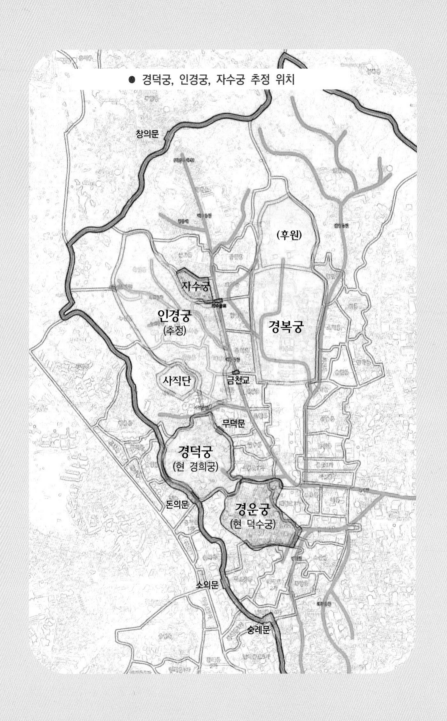

● 경덕궁, 인경궁, 자수궁 추정 위치

창의문

(후원)

자수궁

인경궁
(추정)

경복궁

사직단    금천교

무덕문

경덕궁
(현 경희궁)

돈의문

경운궁
(현 덕수궁)

소의문

숭례문

# 3

인조,
경덕궁을 이궁으로 쓰다

# 양궐체제와 경희궁(경덕궁) 운영

1623년 인조반정으로 창덕궁이 소실되고, 이듬해(1624년) 이괄의 난으로 창경궁 또한 불에 타자 인조는 인목대비를 모시고 경덕궁으로 이어하였습니다. 이후 조선 후기 왕들은 경덕궁을 이궁으로 사용하였습니다. 숙종은 경덕궁 회상전에서 태어나 융복전에서 승하한 왕으로 46년 재위 기간 중 후반 11년 2개월을 경덕궁에 임어(臨御)하였으며, 집권기에 경덕궁을 대대적으로 개축하고 보수했습니다. 영조 36년(1760)에는 인조의 생부 원종(추존 왕)의 시호(恭良敬德 仁憲靖穆 章孝大王)인 '경덕(敬德)'과 음이 같다고 하여 경덕궁에서 궁호를 경희궁으로 고쳤습니다.

그리고 영조는 국왕으로서 경희궁에 가장 오랜 기간 임어하였는데, 1760년(영조 36)부터는 치세의 거의 대부분에 해당되는 시간을 경희궁에서 보내고, 1776년 집경당에서 승하였으며, 정조가 경희궁 숭정문에서 즉위하였습니다. 영조가 경희궁에 있었던 기간은 여러 국왕 들 중 가장 긴 시간으로 무려 19년 4개월이었습니다. 왕세손이었던 정조는 영조 37년(1761) 경현당에서 관례를 치렀을 뿐 아니라 존현각에서 독서하고, 이곳에서 서연(書筵)을 하였으며, 영조와 함께 강론을 하기도 하였습니다. 경희궁에는 회상전 · 흥화문 · 숭정전 · 흥정당 · 집경당 등의 건축물이 있었으나, 1829년(순조 29)에 화재로 대부분이 소실되어 1831년에 중건하였습니다.

# 사라진 인경궁

　　인조반정 이후 창덕궁이 불타고 연이어 이괄의 난으로 창경궁마저 소실되자 인조는 경덕궁으로 이어했습니다. 당시 《승정원일기》의 기사가 부실하여 인조가 경덕궁으로 이어하기 전 어느 전각에 머물렀는지 직접 드러나지 않지만, 실록 기사에서 명정전(明政殿)과 명광전(明光殿), 문정전(文政殿) 등 창경궁의 전각에서 신하들을 인견하고 경연을 열거나 사신을 만난 기록이 확인되어 창경궁에서 지냈을 가능성이 높습니다.

　　이 당시에 경덕궁보다 규모가 큰 인경궁(仁慶宮)은 광해군에 의한 폐정의 이미지가 더 크게 인식되었다고 볼 수 있습니다. 그리하여 인조는 광해군이 경덕궁과 함께 서쪽에 지은 또 하나의 궁궐 인경궁의 건

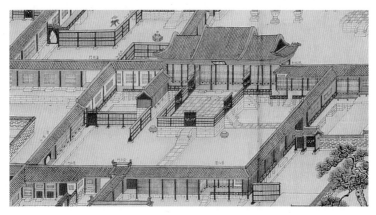

《동궐도》의 대조전. 인조반정 이후 인경궁 경수전을 헐어 창덕궁 대조전 재건에 사용했다.

징광루

경훈각

인경궁 홍정전의 중층 구조를 그대로 옮겨 지은 창덕궁 징광루(2층)와 경훈각(1층).
창덕궁 화재로 소실된 후 경훈각만 재건되었다.

물을 헐어 창덕궁과 창경궁의 재건에 사용하였습니다. 인경궁은 광해
군이 백성들의 원성을 무시하고 무리하게 지은 궁궐이라는 폐정의 부
정적 인식이 강하게 남아 있었고, 당대에 훼철 논의가 분분했습니다.
그러나 인경궁보다 규모가 작은 경덕궁은 상대적으로 부담이 적었기
때문에 인조는 경덕궁에 거처했습니다. 그렇게 인조 10년(1632)까지는
경덕궁 중심의 궁궐 경영이 이어졌습니다.

　인조의 사친(생모) 계운궁(인헌왕후 구씨)은 이괄의 난 때 인조와 함께
피난했다 돌아와 경덕궁에서 지내다 1626년(인조 4년) 49세로 사망했
습니다. 이때 인조는 경덕궁에 계운궁의 빈전을 설치하고 장사를 치른
뒤 인경궁에 혼전을 두리는 지시를 했습니다. 신하들은 인경궁이 폐정

의 상징으로 헐어버려야 할 궁이기는 하나 대궐은 대궐이니 법도를 지켜야 한다는 주장을 펼쳤습니다. 궁궐은 국왕의 정치 공간이며 왕을 비롯한 왕실 가족의 거처인데, 인경궁이 궁궐로서 왕의 공간이므로 대비가 아닌 계운궁의 혼전을 인경궁에 두라고 하는 인조의 지시가 부당하다는 논리입니다. 더구나 사친 계운궁의 상사에 국왕인 인조가 상주가 될 수 없다는 법도로 동생 능원군을 상주로 삼으니 그가 대궐에서 상사를 주관하면 안 된다고 했습니다.

그동안 인조는 인경궁에 주전청(鑄錢廳)까지 설치하며 인경궁을 궁궐로 활용해 보려 하였고, 신료들은 인경궁을 궁극적으로 훼철해야 한다는 입장이었지만, 일단 그곳이 대궐이라는 점은 분명히 하였습니다. 그러나 인조는 인경궁이 궁궐로 사용한 지 오래되었고, 단지 경덕궁과 가까우니 왕래하기 편리한 때문이니 더 이상 논의하지 말라고 신료들에게 말했습니다.

인조는 창덕궁과 창경궁이 차례로 소실된 상황에서 규모가 작은 경덕궁에만 10년 가까이 머물렀고, 규모가 크고 화려한 인경궁 건물을 창덕궁과 창경궁 복구에 활용한 것으로 보입니다.

● 인조 8년(1630) 3월 16일 2번째 기사
주강에 《서전》을 강하였다. 강이 끝나자, 특진관 최명길(崔鳴吉)이 아뢰기를, … 여러 신료들이 성(城) 위를 돌아보며 모두들 기쁜 낯빛으로 말하기를 '인목대비께서 10년 동안 유폐(幽閉) 생활을 하신 나머지에 성에 나오시어 구경까지 하게 되셨으니 이 또한 성대한 일이다.' 하였습니다. 신의 생각에도 그렇게 여겨졌는데, … 자전이 지난 가을 초정(椒井)에서 목욕하기 위해 인경궁(仁慶宮)으로 행행하다가 모화관(慕華館)의 강무(講武)에 친림하는 상의 행차와 우연히 마주쳤다. 그런데 인경궁 담장이 성과 가까이에 있고 성 밖을 내려다볼 수 있었기 때문에 자전이 내전(內殿) 및 여러 비빈(妃嬪)들과 함께 성 위에 나와 구경하였다는 말이 외간에 꽤나 전파되었다.

이렇게 인조가 인경궁을 활용하려는 인식은 인조 8년(1630) 풍정례를 치르러 경덕궁에서 인경궁으로 행차할 때 그 길의 경로에서도 드러납니다. 인조는 궁궐 밖의 큰 길을 이용하는 대신 경덕궁의 북문 무덕문(武德門)을 통해 인경궁으로 들어갔습니다. 경덕궁이 원래 인경궁과 붙어 있기에 가능한 일이었습니다. 큰 길을 놔두고 북문으로 드나드는 인조의 의도는 결국 규모가 큰 인경궁을 법궁의 용도로 사용하면서 경덕궁을 이궁으로 묶어 쓰겠다는 의미였습니다. 신하들은 또 반대하며 환궁 시엔 큰길을 사용할 것을 권했지만, 인조는 돌아올 때도 무덕문으로 들어왔습니다.

### ▌ 인경궁의 흔적

- 홍정전(弘政殿) : 인경궁의 정전으로 청기와 건물이다. 창덕궁으로 옮겨져 경훈각 (2층은 징광루) 건물이 되었다가 1917년 창덕궁 내전 화재로 소실되었다.
- 광정전(光政殿) : 인경궁의 편전이다. 현재는 창덕궁으로 옮겨 지어 선정전으로 사용하고 있다. 유일하게 궁궐 전각 중 청기와를 하고 있으며, 현재 하나밖에 안 남은 인경궁 전각이기도 하다.
- 경수전(慶壽殿) : 왕의 침전이다. 1647년 창덕궁 중건 때 헐려나가 대조전 건물이 되었으며, 1833년(순조 33)에 불타 인경궁 시절의 건물은 없어졌다. 다음 해에 대조전은 옛 경수전 모습 그대로 복원되었지만, 1917년 창덕궁 침전 화재 이후 1920년 경복궁 교태전을 헐어다 대조전을 지으면서 경수전의 모습은 완전히 볼 수 없게 되었다.
- 승화선(承華殿) : 농궁 선불보, 이후 창경궁으로 옮겨져 농궁인 저승전이 되었다.

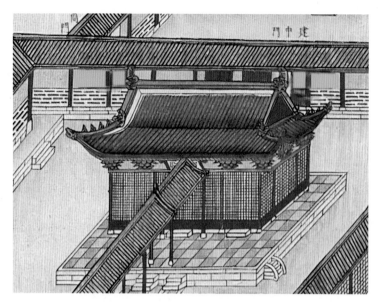

창덕궁 선정전. 인경궁 광정전을 헐어 창덕궁 선정전 재건에 사용되었다.

인조 11년(1633) 3월에 본격적으로 시작된 창경궁 복구 공사는 같
은 해 6월 마무리 단계에 들어서 7월 26일 인조는 창경궁으로 옮겨
갔습니다. 그리고 인조는 병자호란 이전까지 창경궁에 머물렀습니다.
인조 시절의 궁궐 경영은 반정 초기 창경궁에서 정사를 보고, 이괄의
난을 계기로 경덕궁으로 이어하여 9년 있다가 다시 창경궁으로 돌아
갔습니다.

이렇듯 인경궁의 건물은 대부분 창덕궁과 창경궁의 전각을 복구하
는 데 사용되었습니다. 그리고 병자호란 이후 인조 26년(1648)에 청의
요구로 홍제원에 역참을 지을 때 일부가 자재로 활용되기도 했습니다.
이때 창덕궁, 창경궁으로 이건(移建)된 인경궁의 건물들은 순조 때 창덕

창덕궁 선정전은 현존하는 인경궁 청기와 전각이다.

궁 대화재로 대부분 소실되었습니다. 현재까지 남아 있는 인경궁의 유일한 건물은 당시 인경궁의 편전 광정전(光政殿)을 옮겨 지은 창덕궁 선정전(宣政殿)입니다.

현재 선정전이 청기와 지붕인 이유는 당시 광해군이 인경궁을 지을 때 대부분의 전각에 청기와를 얹었기 때문입니다. 당시 인경궁 공사가 얼마나 막대한 재정적 지출로 그 폐단이 컸는지 짐작할 수 있고, 이는 곧 광해군 폐정의 표적이 되었습니다.

# 인조 시기 경덕궁 운영

경덕궁을 이궁으로 사용하기 시작한 왕은 인조이며, 이때부터 경덕궁은 조선왕조 궁궐로서의 역할을 하게 됩니다. 인조는 재위 3년(1624)부터 집중적으로 경덕궁에 이어하여 정사를 펼쳤습니다. 그리고 인조 5년(1627) 1월 13일 만주의 후금(後金)이 의주를 침략하고 조정에서는 17일에야 대책회의에 들어갔습니다. 정묘호란이 발발하자 왕은 1월 26일부터 4월 12일까지 강화행궁으로 피난을 갔다가 다시 경덕궁으로 돌아와서 인조 10년(1632)까지 경덕궁을 떠나지 않았습니다. 이후 조선의 후대 왕들은 경덕궁에 이어하는 횟수와 머무는 기간이 일상생활을 지속할 만큼 길어지는 특징을 보입니다.

인왕산을 배경으로 한 경덕궁

숭정전에서 바라본 숭정전 조정입니다.

## ● 인조의 궁궐 임어표

| 재위년 | 창덕궁 | 창경궁 | 경덕궁 | 기타 |
|---|---|---|---|---|
| 2년 | | | | 1월 1일~12월 30일 未詳 |
| 3년 | | | 1월 1일~12월 30일 | |
| 4년 | | | 1월 1일~12월-30일 | |
| 5년 | | | 1월 1일~1월 25일 | |
| | | | | 1월 26일~4월 12일 강화행궁(정묘호란) |
| | | | 4월 13일~12월 29일 | |
| 6년 | | | 1월 1일~12월 30일 | |
| 7년 | | | 1월 1일~12월 30일 | |
| 8년 | | | 1월 1일~3월 13일 | |
| | | | | 3월 14일 인경궁 |
| | | | 3월 15일~3월 16일 | |
| | | | | 3월 17일~3월 18일 인경궁 |
| | | | 3월 19일 | |
| | | | | 3월 20일~3월 23일 인경궁 |
| 8년 | | | 3월 24일~8월 9일 | |
| | | | | 8월 10일~8월 11일 인경궁 |
| | | | 8월 12일~12월 30일 | |
| 9년 | | | 1월 1일~12월 30일 | |
| 10년 | | | 1월 1일~6월 9일 | |
| | | | | 6월 10일~6월 28일 인경궁 |
| | | | 6월 29일~10월 27일 | |
| | | | | 10월 28일~11월 9일 이현궁 |
| | 11월 10일~12월 28일 | | | |

\* 위의 표는 《승정원일기》에서 국왕의 위치를 알리는 상재(上在)를 정리하여 재위 기간 중 인조가 경덕궁에 임어한 일정을 확인할 수 있다.

# 정묘호란

여진족은 조선과 명나라가 임진왜란으로 국력이 피폐해진 틈을 타 누르하치(奴兒哈赤)를 추대해 1616년(광해군 8) 후금을 세우고 명나라와 충돌하게 되었습니다. 명나라는 10만 대군으로 후금 토벌에 나서는 한편, 조선에 대해서도 공동 출병을 요구하였습니다. 그러나 광해군은 조선이 임진왜란 후 아직 전쟁의 폐해로부터 나라 정세가 회복되지 못하였기에 여력이 없다는 핑계로 명나라에 적극적인 군사적 지원을 회피했습니다. 계속되는 명나라의 요구에 광해군은 강홍립(姜弘立)에게 1만 3천 명의 병력을 이끌고 명군을 돕게 하면서도 형세에 따라 판단하고, 향배(向背)를 달리할 것을 비밀리에 지시하였습니다. 당시 광해군이 명나라의 쇠퇴와 후금의 발흥이라는 동아시아의 정세 변화를 주시하면서 신중한 중립적 외교정책을 펴나가면서 조선과 후금 사이에는 별다른 대립이 표면화되지 않았습니다.

광해군이 중립적인 태도로 실리를 얻는 외교정책을 펼친 덕분에 후금과의 전쟁이 일어나지 않았으나, 광해군의 실리외교는 성리학적 의리를 앞세운 서인 세력의 반발을 샀고, 인조반정을 일으킨 명분의 하나가 되었습니다. 1623년 인조반정으로 광해군을 몰아내고 조정의 실권을 잡은 서인들은 광해군의 대외정책을 정면으로 부정하고 후금과의 관계를 끊는 한편, 명나라에 군사 원조까지 하는 등 '향명배금(向明排金)' 정책을 표방하였습니다. 명청 교체기에 현명한 중립외교를 실시하여 국난을 예방했던 광해군의 현실정치는 실종되고, '재조지은(再造之恩)'을 내세운 인조의 무모한 배금정책이 실시되었습니다. 명은 조선에 인조반정을 묵인한다는 명분으로 모문룡(毛文龍)과 연합하여 후금을 공격하도록 요구했고, 인조는 명나라의 요구대로 군사 지원을 했던 것입니다.

이에 중국 본토로 진입하려던 후금은 조선을 먼저 정복하여 배후의 위협을 차단해야 하는 상황에 놓이게 되었습니다. 그리고 인조반정의 논공행상에 불만을 품고 반란을 일으켰다가 후금으로 달아난 이괄(李适)의 잔당들이 광해군은 부당하게 폐위되었다고 호소하여 조선 침략을 종용하니, 후금이 조선 침략의 명분으로 삼은 것은 광해군의 폐위였습니다. 명나라에 이어 조선과도 경제 교류의 길이 막혀 극심한 물자 부족에 허덕이게 된 후금은 무력적인 수단으로 이를 타개하기 위해 조선을 침략했습니다. 1627년(인조 5) 후금이 조선을 침략한 정묘호란이 발발한 것입니다.

즉위 전부터 조선에 대한 주전론을 주장해 왔던 홍타이지(청 태종)는 1627년 1월 아민(阿敏)에게 3만의 병력으로 조선을 침공하게 하였습니다. 압록강을 건너 의주를 점령한 후금 군대의 주력 부대는 용천·선천을 거쳐 안주성 방면으로 남하하고, 일부 병력은 가도의 모문룡을 공격하였습니다. 전세가 극도로 불

청 태종 홍타이지

리하자 김상용(金尙容)이 유도대장(留都大將)이 되어 서울을 지켰고, 소현세자(昭顯世子)는 전주로 남하하였으며, 인조는 전란을 피해 강화도로 들어갔습니다. 조선 각지에서는 의병이 일어나 후금군의 배후를 공격하거나 군량을 조달하는 등 분전하였습니다.

❖ 정묘조약

조선과 후금과의 전쟁은 1627년 1월 중순부터 3월 초에 걸쳐 약 2개월 동안 계속되었다. 평산까지 진출한 후금의 군대는 계속 남하하는 데 따르는 후방의 위협을 염려하게 되었고, 조선은 전쟁을 계속할 여력이 남지 않았다. 황주에 이른 후금의 군대는 2월 9일 부장 유해(劉海)를 강화도에 보내 화의의 조건으로 조선이 앞으로 명의 연호 '천계(天啓)'를 쓰지 말 것과 왕자를 인질로 보낼 것 등을 내세웠다.

3월 3일 두 나라 사이에 화의가 성립되었다. 후금은 평산 이남으로 더이상 진출하지 않고 곧 철병하고, 양국은 형제의 나라로 일컬으며, 조선은 후금과 화약을 맺더라도 상국인 명나라에 적대하지 않는다는 등의 조건이었다.

· 화약 이후 후금 군대는 조선에서 즉시 철병하고 철병 후 다시 압록강을 넘지 말 것
· 양국은 형제국으로 정할 것
· 조선은 후금과 화약을 맺되 명나라와 적대하지 않을 것

그 조치로 조선은 애초에 후금이 인질의 명목으로 요구했던 왕자가 아닌 종실(원창군)을 인질로 보내고 후금의 군대도 철수했다.

# 병자호란

　　그러나 정묘년 화약의 결과는 조선과 후금 양국에 다 불만족 스러운 것이었습니다. 조선은 그동안 오랑캐라고 여긴 후금과 형제관 계를 맺은 것을 굴욕으로 생각했고, 후금 역시 조선이 명과 계속 사대 관계를 유지하는 것이 불안했습니다. 이후 후금은 내부의 물자 부족을 타개하기 위해 조선에 막대한 조공을 요구해 왔고, 부담이 점점 가중 된 조선은 후금에 조공을 거절하며 배금의 조류가 강해졌습니다.

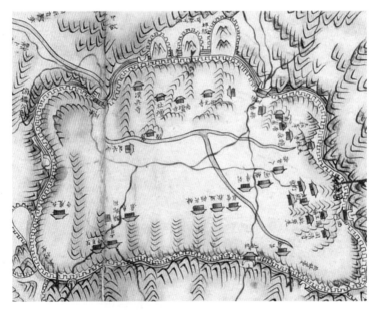

〈해동지도〉에 그려진 남한산성 부분

인조가 청 태종에게 항복한 사실을 기록한 삼전도비 (서울시 송파구 소재)

후금이 명과의 전쟁에서 우세를 점하면서 조선에 군신관계를 강요하자 조선은 즉시 이를 거부했습니다. 더욱이 막대한 세폐(歲幣)와 수시로 강요하는 물자의 조달에 따르는 과중한 경제적 부담에 반발한 조선의 배금 경향이 날로 고조되는 데 불안을 느낀 후금이 조선에 강압적인 태도를 강화함으로써 1636년(인조 14) 병자호란이 일어나게 되었습니다. 나라 이름을 '청'으로 고친 후금이 정묘호란 이후 9년 만에 다시 대규모 병력을 동원해 조선에 쳐들어온 것입니다. 후금의 홍타이지는 자신감 속에 칭제건원하고 직접 12만 대군을 이끌고 조선을 침공하였습니다.

남한산성에 피난했던 인조는 1637년 1월 30일 삼전도에서 청 태종 앞에 머리를 조아려 사대의 예를 취하고 항복하는 의식을 치렀습니다. 이른바 조선의 역사상 가장 치욕적인 삼전도의 굴욕입니다. 소현세자와 봉림대군이 청으로 끌려갔고, 인조는 이번에는 경덕궁으로 가지 않고 창경궁에 칩거했습니다. 청은 조선이 정묘년의 조약을 이행하지 않은 것을 명분으로 침략하였으나, 실제로는 명을 공격하기 전 조선을 군사적으로 복종시키기 위한 목적이었습니다. 패배한 조선은 이후 막대한 피해를 입었는데, 당시의 아시아 정세를 제대로 읽지 못한 패착에도 그 원인이 있었겠으나, 후금의 팽창과 조선 침략은 역사의 흐름이었습니다.

영조는 흉년이 들었을 때 자주 흥화문 앞에 나아가서 유민(流民)에게 죽을 먹이고, 구휼하라는 뜻으로서 유시를 내려 가벼운 죄수는 석방하고, 옷을 주라고 명하였습니다.

# 4

## 흥화문을 위한
## 봄빛 연가

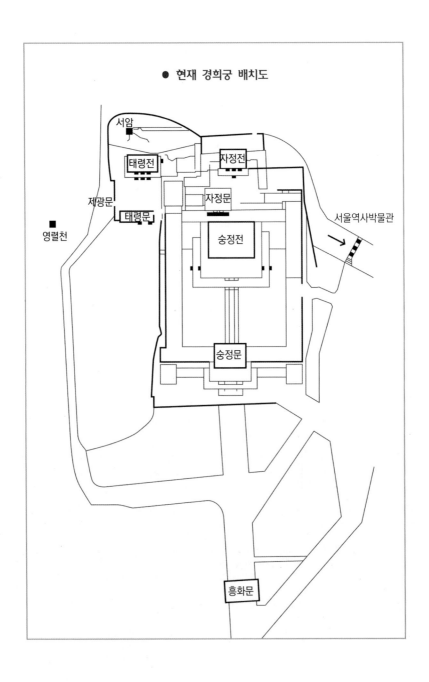

● 현재 경희궁 배치도

서암

태령전

자정전

제광문

자정문

영렬천

태령문

숭정전

서울역사박물관

숭정문

흥화문

# 흥화문의 수난

광해군에 의해 세워진 경희궁은 궁궐로서의 규모가 컸지만, 광해군은 경희궁을 사용해보지 못한 채 인조반정으로 폐위되어 유배에 처해졌고, 인조와 후대 왕들이 이궁으로 사용하였습니다. 이제 경희궁의 전각들을 살펴봄으로써 역사 속으로 좀 더 깊이 들어가 보겠습니다. 먼저 원래의 자리에서 벗어나 여러 곳을 떠돌다 이전된 경희궁의 정문이라고 알고 있는 흥화문(興化門)을 찾아갑니다.

현재 남쪽으로 옮겨져 경희궁의 정문으로 사용하고 있는 흥화문

흥화문 현판

　흥화문은 광해군 8년(1616)에 세워진 경희
궁의 정문으로, 현재 대부분 새로 지어진 경희
궁의 건축물 중 흥화문만이 유일한 원형입니
다. 정면 3칸, 측면 2칸의 우진각지붕 건물입
니다. 흔히 경희궁을 야주개(夜照峴) 대궐이라고
도 불렀는데, 이는 흥화문 현판의 글씨가 빼어
나 밤에도 광채를 밝힌다는 의미에서 비롯되
었다고 합니다.

　흥화문은 원래 경희궁 터의 동남쪽 금천교
바깥, 지금의 구세군회관 자리에 동향하고 있
었는데, 현재 숭정문 남쪽에 남향으로 세워졌

구세군회관 건물 앞에 세워진 흥화문 터 표지석

정면에 보이는 건물이 구세군회관으로, 그 자리에 흥화문이 위치했을 것으로 추정한다.

습니다. 1915년 일제는 동향하고 있는 정문인 흥화문을 도로를 넓힌다는 명목으로 약간 남쪽으로 옮겨 남향으로 세웠습니다. 그리고 다시 흥화문을 1932년 박문사(이토 히로부미의 사당. 현재의 장충단 자리) 정문으로 사용하기 위해 이전하여 경춘문(景春門)이라 불렀습니다. 광복 후 장충동 신라호텔의 영빈관 정문으로 사용되기도 하였으나, 경희궁지의 복원 계획에 따라 1988년 경희궁 터로 다시 옮겨왔습니다.

《광해군일기》 10년(1618) 4월 9일 기사에 "전교하기를, 인경궁(仁慶宮)의 정문(正門)은 돈화문(敦化門)의 예에 따라 층문(層門)으로 조성하고, 경덕궁(慶德宮)은 그저 잠시 피해 거처하는 곳일 뿐이니 단층으로 알아서 조성하도록 하라."는 기록이 있습니다. 여기서 광해군의 궁궐 조성의 의도가 드러납니다. 법궁으로 사용하기 위해 인경궁을 짓고, 경덕궁은 단지 피우처(避寓處)의 용도로 조성된 궁궐이므로 흥화문이 단층 건물로 지어진 이유를 알 수 있습니다. 경덕궁의 정문 흥화문 앞에서는 죄인 심문이나 친국, 교서반포, 구휼, 문정(問情) 등이 행해졌습니다.

흥화문을 본 떠 만든 신라호텔 영빈관 정문. 경희궁 흥화문이 이 자리에 있다가 이전되었다.

박문사의 정문으로 사용된 흥화문

# 백성을 위한 베풂, 흥화문

　　궁궐 문으로 수레나 가마가 드나드는데, 신분에 따라 가마나 말에서 내려야 하는 구분이 있었습니다. 인조 4년, 일곱 살짜리 봉림대군(효종)이 할머니 계운궁의 혼궁에 배알한 후 가마를 타고 궐문(흥화문)을 지날 때 내리지 않고 지나갔다는 일로 사헌부 간원은 왕에게 왕자 교육을 제대로 해줄 것을 따끔하게 아뢰었습니다. 당시 대군의 경우 경덕궁의 중문 건명문(建明門)까지 가마를 타고 들어올 수 있었으나, 인조는 관원을 크게 나무라지 않고 앞으로 잘하겠다고 말한 것입니다.

● 인조 4년(1626) 12월 30일 5번째 기사

간원이 아뢰기를, "지난번 봉림대군(鳳林大君) 모(某)가 혼궁(魂宮)을 배알할 적에 가마를 타고 궐문을 들어와 멈추지 않았다고 합니다. 옛날의 왕자(王者)는 아들을 어릴 때부터 교육을 시켜 궐문을 지날 때는 내리고, 사당 앞을 지날 때는 종종걸음으로 가야 한다는 것을 알게 하였습니다. 더구나 지금 대군은 나이가 어리기는 하지만 관례(冠禮)가 이미 끝났으니 효제(孝悌)를 밝히고 예의를 익혀서 출입하고 행동함에 있어 삼가고 엄숙히 하여 감히 조금이라도 어기거나 지나쳐서는 안 되는 나이인데, 어찌하여 궐정까지 가마를 타고 들어와 존귀한 이의 교만을 더 조장함으로써 지엄한 예를 모르게 한단 말입니까. 그 당시에 배행(陪行)한 내관을 추고하고 이후로는 대군이 출입할 때에는 반드시 행마문(行馬門) 밖에서만 가마를 타게 하여 조정의 예의를 엄히 지키도록 하소서." 하니, 답하기를, "근세에는 대군이 드물어서 전해오는 규례를 자세히 알 수가 없지만, 듣자니 조종조에 대군이 가마를 타고 곧바로 진선문(進善門)으로 들어왔다고 하는데, 신선문은 바로 중정문(中正門)이다. 옛 규례가 비록 이러하지만, 옛 전례를 모르는 사람이 갑자기 보게 되면 필시 해괴하게 여길 것이기 때문에 비로소 흥

월대를 갖춘 원래의 흥화문

화문(興化門) 밖에서만 가마를 타도록 명하였다." 하였다.

● 영조 37년(1761) 10월 9일 1번째 기사
왕세자가 경희궁에 나아갔다. 흑립(黑笠)과 도포(道袍) 차림으로 소여(小輿)를
타고 선인문(宣仁門)으로 나가니, 약방 분제조(藥房分提調) 이득종(李得宗)이
진후(診候)할 것을 청하매, 하령(下令)하기를, "비록 진현(進見)하란 명을 받들었
으나 지난 일을 추념(追念)하면 오히려 송구함이 많은데, 어떻게 진찰할 것을 허
락하겠는가?" 하고, 경희궁 홍마목(紅馬木) 밖에 이르러 도보(徒步)로 들어가서
현모문(顯謨門) 밖에서 부복하니, 임금이 사관(史官)으로 하여금 그 복착(服着)
한 것을 묻고 또 내시(內侍)를 시켜서 진현할 것을 명하였다. 왕세자가 감히 들
어갈 수 없다고 대답하니, 임금이 영상 홍봉한을 시켜서 힘써 효유하여 들어오
도록 하고, 하교하기를, "원량(元良)이 이미 진현(進見)하였으니 상참(常參) · 차
대(次對) · 주연(冑筵)을 규례에 의하여 하도록 하라." 하고, 또 하교하기를, "원
량이 돌아갈 때에는 현모문에서 여(輿)를 타고 흥화문(興化門)에서 연(輦)을 타
도록 하라." 하였다.

창경궁 홍화문 앞에서 백성들에게 쌀을 나누어주는 장면을 그린 《원행을묘정리의궤》 중 〈홍화문 사미도〉. 경희궁 홍화문 앞에서도 이와 같은 사미 의식이 베풀어졌다.

영조는 흉년이 들었을 때 자주 흥화문 앞에 나아가서 유민(流民)에게 죽을 먹이고, 구휼하라는 뜻으로서 도신(道臣)과 유수(留守)에게 유시를 내려 가벼운 죄수는 석방하고, 옷을 주라고 명하였습니다. 영조는 창경궁 홍화문(弘化門) 앞에서처럼 경희궁 흥화문 앞에서도 백성을 자주 접견해서 세상 소식과 민심을 읽고 바른 정치를 하려고 노력하고, 굶주린 백성에게 쌀을 나눠주기도 하였습니다. 왕은 늘 궁궐 문을 열고 그 앞에서 백성들과 직접 소통하려 애썼습니다.

● 영조 49년(1773) 1월, 영조의 팔순이며 즉위한 지 50년이 되는 해에 임금이 숭정전에 나아가니 왕세손 정조가 백관을 거느리고 진하(進賀)하였다. 임금이 진하를 받고 80세 이상의 기로(耆老) 58인을 흥화문(興化門)에서 불러 옷감과 음식물을 차등 있게 내려주었다.

원래 궁궐 문을 들어서서 처음 만나는 것이 금천교인데, 금천교는 궁궐을 해석하는 풍수로 볼 때 명당수의 개념도 있겠으나, 궁궐에 들어서기 전에 모든 마음가짐을 바르게 하라는 경계의 의미가 있다.

# 5

## 금천,
## 명당수가 흐르다

〈서궐도안〉을 바탕으로 그린 흥화문과 금천교

# 금천교

광해군 11년(1616) 흥화문 안쪽에 경덕궁으로 진입하는 금천교(禁川橋)를 세웠습니다. 금천교는 일제강점기에 조성된 것으로 추정되는 용비천 주변에 묻혀 있던 것을 2001년 발굴하여 복원하였습니다. 〈서궐도안〉에는 금천교의 홍예(虹霓: 무지개다리)가 하나로 그려졌는데, 발굴해 보니 두 개의 홍예 석재가 나와서 그대로 복원하였습니다. 그리고 발굴조사 때 나왔던 유구는 금천교를 복원하면서 새 돌과 함께 사용되어 제모습이 원래 이러했다는 것을 보여주고 있습니다.

원래 경희궁 금천의 맑은 물길이 흘렀을 홍예 사이의 나티 부조는 창경궁 옥천교 나티의 표정만큼이나 생생합니다. 그 험상궂고 위엄에

〈서궐도안〉에는 금천교의 홍예가 하나만 그려져 있다.

두 개의 홍예가 발굴되어 그대로 복원된 경희궁 금천교

찬 심각한 표정은 물길이 끊긴 지금도 여전히 경희궁의 초입에서부터 궁궐로 진입하려는 사악한 기운을 경계하고 있는 듯합니다. 다리 상판의 폭도 상당히 넓어서 옛날 홍화문으로 들어선 임금께서 타신 연(輦)이 다리를 건널 때의 위엄이 그대로 전해집니다.

현재의 경희궁 터를 찾는 사람들은 물길도 없이 놓인 금천교를, 또 정문을 지나 궁궐로 들어선 것도 아닌 상황에서 그 앞에 세워진 서울역사박물관으로 들어서는 돌다리쯤으로 생각하기 쉽습니다. 지금 사람들이 지나다니는 길에 놓인 돌다리는 누군가 관심을 갖더라도 그 의미를 살펴보기에는 좀 곤란한 지경입니다. 이런 상황이 금천교의 잘못은 아닙니다.

경희궁이 황폐해진 때는 금천교의 석물이 어디에 묻혀 있는지조차

● 금천교 장식

금천교의 서수 조각상

금천교 하엽동자

몰랐더라도, 지금 제자리에 복원된 금천교가 제대로 인식되지 못하고 낯선 이유는 아무래도 다른 곳으로 가버린 정문 흥화문 때문이겠지요. 원래 궁궐 문을 들어서서 처음 만나는 것이 금천교입니다. 금천교는 궁궐을 해석하는 풍수로 볼 때 명당수의 개념도 있겠으나, 궁궐에 들어서기 전에 모든 마음가짐을 바르게 하라는 경계의 의미입니다. 지금 경희궁 금천교만이 홀로 제자리에 놓여 있어서 돌아오지 못하는 흥화문은 그렇다 하더라도 금천교 지나 들어설 건명문이 어디쯤인지 분간할 수조차 없습니다. 그런데 금천교가 제자리를 찾았다면 아마도 건명문은 현재 서울역사박물관의 남쪽 끝부분에 있었을 것으로 추측됩니다.

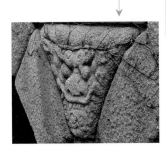

금천교의 나티 부조

경희궁 금천교 아래 북쪽에 있었던
것으로 추정되는 돌거북

금천교 동자주의 연주(구슬)로 묶은 연봉

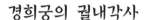

# 경희궁의 궐내각사

　　금천교를 지나 건명문(建明門)으로 들어서면 왼편(남쪽)으로 길게 늘어선 궐내각사를 지나게 됩니다. 현재의 서울역사박물관 건물이 놓인 자리가 경희궁 궐내각사의 출발점이겠지요. 관리들이 행정실무를 보던 궁궐 안의 관청입니다. 실은 관리들이 일을 하러 입궐할 때 주로 드나들던 문은 남쪽에 있는 개양문(開陽門)입니다.

　경복궁이나 창덕궁의 경우 궐내각사는 주로 정전의 서쪽에 위치하는 반면, 경희궁의 궐내각사 구역은 ㄴ자 모양의 배치로 숭정전의 남쪽과 서쪽에 모여 있습니다. 〈서궐도안〉을 보면 우선 궁궐 초입의 금천교를 지나 건양문을 들어서자마자 궁궐의 행사용 물품을 관리하던 전설사가 있고, 그 옆에 당상관들이 회의하는 빈청이 있습니다. 그리고 세자의 교육을 담당하던 시강원과 호위를 담당하는 익위사, 왕의 비서실 격인 승정원, 약원, 약방(내의원), 왕의 자문기구 옥당(홍문관), 군

사시설 도총부, 왕의 어명을 기록하는 예문관, 향실, 사옹원, 내반원 등의 기관이 있습니다. 궐내각사는 임금을 측근에서 모시는 정무 관서부터 실무, 호위, 궁궐 수비 등 모두 임금을 중심으로 움직였기 때문에 궁궐 자체가 바로 하나의 관부로 국정이 운영되었습니다.

## ▌내각 업무▐

① 이문원(摛文院) : 내각(內閣), 규장각의 업무
② 승정원(承政院) : 왕명의 출납, 정책 집행, 평가, 왕의 비서기구
③ 홍문관(弘文館) : 궁중의 경서, 사적 관리, 문한의 처리 및 왕의 자문기구
④ 예문관(藝文館) : 왕의 사명 작성, 사초·실록 편찬 자료 보관
⑤ 시강원(侍講院) : 왕세자나 왕세손의 교육과 서연 담당
⑥ 빈청(賓廳) : 최고위 당상관 회의소
⑦ 익위사(翊衛司) : 왕세자나 왕세손의 시위 및 경호
⑧ 내의원(內醫院) : 내국(內局), 내약방, 약원(藥院), 의약 담당
⑨ 상서원(尙瑞院) : 옥새, 부패, 절월 등을 관장하는 승정원 산하 부서
⑩ 전연사(典涓司) : 궁궐 청소, 영선, 공조 소속, 후일 선공감에 병합
⑪ 전설사(典設司) : 궁중에서 사용하는 장막 관리
⑫ 도총부(都摠府) : 중앙군인 오위(五衛)를 지휘 감독하던 군령 기관
⑬ 상의원(尙衣院) : 왕실의 의복을 관장하고 대궐 안의 재물과 보물을 간수
⑭ 승문원(承文院) : 사대교린(事大交隣)에 관한 문서 관장
⑮ 누국(漏局) : 표준시계를 설치했던 보루각
⑯ 사옹원(司饔院) : 궁궐의 음식물 관리, 그릇을 굽던 분원(分院) 관리
⑰ 내반원(內班院) : 내시를 관장하던 부서. 내시부
⑱ 내병조(內兵曹) : 궁궐 내의 시위(侍衛), 의장(儀仗) 등 군사 업무
⑲ 태복시(太僕寺) : 여마(輿馬), 구목(廐牧) 및 목장에 관한 일을 관장
⑳ 동소·서소·남소·북소 : 궁궐 호위병의 숙직소

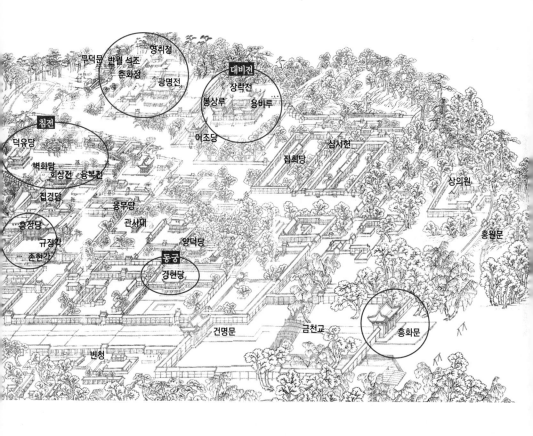

무덕문 반월 석조

영취정

춘화정 광명전

대비전

장락전

봉상루 용비루

어조당

침전

덕유당

집희당

삼서헌

벽화탕 융복전
회상전

상의원

집경당

흥원문

융무당

관사대

흥정당

양덕당

규장각

존현각

동궁

경현당

건명문

금천교

흥화문

빈청

1765년 8월 18일 영조가 왕세손(정조)을 데리고 기로소를 방문하여 기로소 내의 영수각에서 전배례(展拜禮)를 행하고 그 옆에 위치한 기영관(耆英館)에서 기로신들에게 선온(宣醞: 임금이 신하에게 술을 내려주는 일)한 행사가 그려져 있다. 어좌 오른편에 그려진 네모난 욕석(褥席)은 왕세손이 배종하였음을 알 수 있다.

# 6

# 경현당,
# 왕세자를 위한 공간

경현당

건명문

&lt;서궐도&gt;에서 보이는 경현당 일대입니다.

# 경현당

　　경희궁의 중문 건명문(建明門) 안쪽 오른편으로 경현당(景賢堂)이 보입니다. 경현당은 왕세자가 공식적인 행사를 치를 때 사용하던 공간입니다. 영조가 지은 〈경현당명병소서景賢堂銘幷小序〉에 "창덕궁에는 시민당(時敏堂)이 있고, 경덕궁에는 경현당이 있는데, 모두 세자가 경서를 강독하고 하례를 받는 정실(정당: 正堂)이다."라고 하였습니다.

　　경현당은 본래 왕세자의 관례와 회강례, 회강을 위한 공간입니다. 경덕궁 동궁의 첫 주인이었던 소현세자(昭顯世子)가 인조 3년(1625)에 경현당에서 관례와 회강례를 행하면서부터 동궁의 정당으로 사용되었습니다. 숙종 43년(1717) 왕세자에게 대리청정을 맡길 때 경현당을 청정의 처소로 하였는데, 이것을 전례로 영조 51년(1775) 왕세손 정조가 대리청정할 때에도 이같이 하였으며, 경현당에서 청정하례가 행해졌습니다(《영조실록》 영조 51년 12월 8일). 특히 영조 17년(1714)《경현당어제어필화재첩》에는 사도세자의 교육에 집착한 영조가 경연 후 왕세자를 데리고 승정원과 홍문관 관원들에게 술을 내리는 장면을 그렸는데, 이때 신하들이 사도세자의 영민함을 칭찬하자 오히려 사도세자를 면박하며 엄한 교육을 명하기도 하였다고 합니다.

　　숙종과 영조, 순조, 헌종은 경현당에서 강(講)을 하거나 신하들을 만나는 장소로 자주 사용하였습니다. 왕세자와 왕이 함께 강연하는 장소로도 이용되었습니다.

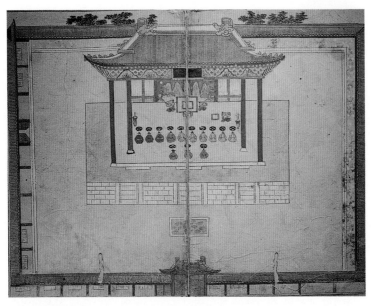

《경현당어제어필화재첩》(1741년, 서울역사박물관 소장)
1741년 영조가 경희궁의 동궁인 경현당에서 경연 후 왕세자를 데리고 신하들에게 술을 내리는 장면이다. 일월오봉병 병풍 앞 정중앙이 영조의 자리이며, 오른쪽이 사도세자의 자리이다. 경현당은 왕세자의 교육을 위한 공간으로 사용되었다.

"경현당은 본래 세자가 경서를 강독했던 곳으로 경덕궁의 별당이며, 가장 넓고 환하다. 그래서 계복하려고 많은 신하가 모일 때는 반드시 여기서 모였다. 그러나 온돌이 한쪽 귀퉁이에 있고 내가 앉은 자리도 중앙에 있지 않기 때문에 보기에 불편했다. 호조(戶曹)에 명하여 온돌을 고치게 하고 내가 남면할 수 있도록 하였다. 이제 3개의 문을 열고 여러 신하를 맞이하니 정말로 보기에 좋았다. 세자가 강독할 때는 하나같이 법도에 따라 반드시 동쪽 벽에서 서쪽을 향하게 하였다."

— 숙종이 기록한 〈경현당조굴소기景賢堂竈窟小記〉

# 경현당에서 기로연을 열다

조선시대 국가에서 운영하던 기로소(耆老所)는 조정 원로들을 우대하고 여생을 안락하게 보내도록 하기 위해 설치한 독립 관서로 광화문 앞 현재 교보문고 자리쯤에 있었습니다. 기로소에 들어간 이들에게는 전토(田土)·염전·어전(漁箭: 물고기를 잡는 장치)·노비 등의 특전이 부여되었습니다. 조선의 관리들은 기로소에 들어가는 것을 가문의 영광으로 여겼는데, 기로소에 들어가기 위해서는 까다로운 조건을 충족해야 했기 때문입니다. 기로소는 정2품 이상의 관리로 나이가 70세가

1744년 9월 10일 경희궁 숭정전에서 기로신들이 진하례를 올리는 장면.
1744년 51세의 영조가 기로소에 들어간 것을 기념하여 제작한 《기사경회첩》 중 〈숭정전 진하도〉 (국립중앙박물관 소장).

《기사경회첩》 중 〈경현당선온도〉 (국립중앙박물관 소장)
1744년 9월 10일 저녁 경희궁 경현당에서 기로신들에게 임금이 술을 내려주는 선온 장면

넘은 고위 관료들을 예우하기 위하여 설치한 관청입니다. 기로소에 들어갔던 대표적 인물로는 황희 · 정인지 · 이원익 · 이현보 · 남구만 · 김육 등이 있었고, 3대에 걸쳐 기로소당상을 배출한 가문으로 삼세기영지가(三世耆英之家)로 불린 강백년(79세)-강현(84세)-강세황(79세)의 집안이 있습니다.

국왕도 기로소에 입소했는데, 태조가 60세, 숙종 59세, 영조와 고종이 51세에 기로소에 든 전례가 있습니다. 태조 이후 왕이 기로소에 드는 경우는 매우 드문 일이라서 숙종과 영조가 기로소에 들어간 것을 기념하여 축하연을 행하였는데, 두 번 모두 경현당에서 연회가 이루어졌습니다. 숙종의 기록은 《기사계첩耆社契帖》〈경현당석연도景賢堂錫宴圖〉 통하여 전해지며, 영조의 기록은 《기사경회첩耆社慶會帖》〈경연당선온도景賢堂宣醞圖〉를 통해 전해집니다. 1852년생인 고종은 영조의 예를 따라 1902년(광무 6) 육순을 바라보는 나이, 즉 51세가 되는 해 5월 4일에 기로소에 들었습니다.

영조는 자신의 손으로 아들을 죽이고 그 손자를 왕위에 올릴 때까지 83세를 살았던 강인한 왕입니다. 망 육순이라고 51세에 서둘러 기로소에 입소할 때에 영조 본인조차 그렇게 오래 장수할 줄은 생각지 못했을 겁니다. 당시 국왕의 수명이 일반 관료들처럼 70세를 넘기는 경우가 태조(74세까지 생존) 외에는 없었기 때문입니다.

**▌ 영조을유기로연 · 경현당수작연도병**(英祖乙酉耆老宴 · 景賢堂受爵宴圖屛)
- 8첩 병풍(세로 122.5cm, 가로 444.6cm), 견본채색, 서울역사박물관 소장

영조 41년(1765) 8월에 거행된 기로소의 기로연(耆老宴)과 10월에 경현당에서 거행된 수작례(受爵禮)를 그린 궁중 기록화이다. 이 도병은 시간을 달리 하는 두 종류의 행사가 한 도병에 그려져 있는 것이 특징이다. 성격이 다른 행사이지만, 모두 영조의 장수와 관련이 있고, 기로당상들이 참여하였다는 공통점으로 한 도병에 그려진 것으로 보인다.
8첩의 병풍으로 제1첩에는 당시 기로당상이었던 판중추부사 이정보의 서문이 있고, 제 2 · 3 · 4첩에는 1765년 8월 18일 영조가 왕세손(정조)을 데리고 기로소를 방문하여 기로소 내의 영수각(靈壽閣)에서 전배례(展拜禮)를 행하고 그 옆에 위치한 기영관(耆英館)에서 기로신들에게 선온(宣醞: 임금이 신하에게 술을 내려주는 일)한 행사가 그려져 있다. 3첩의 오른편에 네모난 욕석(褥席)을 그려 왕세손이 배종하였음을 알 수 있다. 제 5 · 6 · 7첩은 같은 해 10월 11일 경희궁의 경현당에서 영조의 망팔(望八: 71세)을 기념하여 수작례(受爵禮)를 행한 장면을 그린 것이다. 왕세손과 기로당상들이 시연(侍宴)하였으며, 덧마루에서 처용무(處容舞)가 공연되고 악대가 배열되어 있다.

'숭정(崇政)'은 '정사(政事)를 드높인다'는 뜻이다. 숭정전(崇政殿)은 1617년(광해군 9)에서 1620년 사이에 경덕궁을 창건할 때 지은 건물로, 가장 오래된 전각이다. 하지만 숭정전의 원래 건물은 현재 동국대학교 안의 법당 정각원으로 쓰이고 있다.

# 7

# 숭정전,
# 경희궁의 정전

계단에서 바라본 숭정문 현판

# 숭정문에서의 즉위식

    숭정문을 오르는 계단은 다른 궁궐보다 가파릅니다. 숭정전
일곽은 남향한 경사지에 축대를 조성하여 그 위에 건물이 지어졌습니
다. 숭정전의 동·서 행각은 북쪽으로 가면서 바닥과 지붕이 단을 이
루며 점차 높아지도록 조성되었습니다. 경복궁 근정전의 행각이 완만
하게 경사져 있어서 일반인들이 그 경사를 얼핏 알지 못하는 평면성과
는 대조를 이룹니다. 경희궁은 경복궁보다 남북면의 경사가 심하고,
창덕궁의 구조와 흡사해서 동서로 길게 건물 배치가 이루어졌습니다.
이렇게 동궐 창덕궁과 서궐 경희궁, 두 궁궐의 전각 배치 구조가 닮았

숭정문

지만, 경희궁은 남북 경사면이 창덕궁보다 훨씬 가파르기 때문에 건물 오르는 계단도 가파른 것입니다.

숙종과 영조가 경희궁에서 승하하니 이곳 숭정문에서 경종과 정조가 즉위식을 치렀습니다. 조선의 국왕은 선왕의 사망 6일째 되는 성복일에 궁궐 정전의 문 앞에서 즉위했습니다. 경희궁에서는 사왕(嗣王)이 면복(冕服)을 갖추고 숭정문에 나아가 즉위하고, 백관의 진하(陳賀)를 받았습니다. 실록 기사의 즉위 장면은 온통 재촉하는 신하들과 눈물 흘리며 차마 즉위하지 못하겠노라 간청하는 사왕의 애통함이 가득합니다.

● 정조 즉위년(1776) 3월 10일 1번째 기사
영종 대왕 52년(1776) 3월 병자일(丙子日)에 영종이 흥(薨)하고, 6일 만인 신사일(辛巳日)에 왕이 경희궁(慶熙宮)의 숭정문(崇政門)에서 즉위하였다. (…중략…)
여러 신하들이 옛적의 예법과 국조(國朝)의 법제를 들어 극력 청하자 왕이 그제야 허락하였다. 오시(午時)에 대신들이 어보(御寶) 받기를 청하니 왕이 굳이 사양

〈서궐도안〉에 그려진 숭정문. 경종과 정조가 숭정문에서 즉위식을 치렀다.

하다가 되지 않자 면복(冕服)을 갖추고 부축을 받으며 빈전(殯殿)의 문 밖 욕위 (褥位)로 나아가 사배례(四拜禮)를 거행하였고, 영의정 김상철은 유교(遺敎)를 받들고 좌의정 신회는 대보(大寶)를 받들어 올리니, 왕이 눈물을 흘리며 억지로 받고서 다시 사배례를 거행하였고, 자정문(資政門)으로 나와 승여(乘輿)를 타고 숭정문(崇政門)에 이르러 승여에서 내리었다. 종친(宗親)들과 문무백관이 동서로 나뉘어 차례대로 서서 의식대로 시위하니, 왕이 울먹이며 차마 어좌(御座)에 오르지 못하였다. 대신 이하가 또한 극력 청하자 왕이 울부짖기를, '이 어좌는 곧 선왕께서 앉으시던 어좌이다. 어찌 오늘 내가 이 어좌를 마주 대할 줄을 생각이나 했겠는가?' 하였다. 대신들이 해가 이미 기울어진 것을 들어 누누이 우러러 청하자 왕이 드디어 어좌에 올랐는데 백관들이 예를 행하니, 면복을 벗고 도로 상복을 입었다.

● 정조 즉위년(1776년) 3월 10일 3번째 기사

오시(午時)에 사왕(嗣王)이 면복(冕服)을 갖추고 숭정문에서 즉위하니, 백관이 진하(陳賀)하였다. 중외에 반교(頒敎)하고 대사(大赦)하였다. 예순성철왕비(睿順聖哲王妃: 정순왕후) 김씨를 높여 왕대비(王大妃)로 삼고 빈(嬪: 효의왕후) 김씨를 왕비로 올렸다. …

…욕위(褥位)를 빈전(殯殿) 문밖에 설치하고 의식대로 판위(板位)를 동계 위에 설치하였다. 대향관(代香官)이 향안(香案) 앞에 가서 세 번 향을 올렸다. 끝나고서 김상철 등이 승언색(承言色)에게 청하여 구전(口傳)으로 사왕에게 상달(上達)하기를,

① "시각이 되었으니, 면복을 갖추고 여차(廬次)에서 나오소서." 하니, 조금 뒤에 하령하기를, "성복(成服)이 겨우 지나서 오내(五內)가 갈라질 듯하다. 내가 위로는 감히 자교(慈敎)를 어길 수 없고 아래로는 군정(群情)을 물리치지 못하여 마지못하여 복종하였으나, 이제 최복(衰服)을 벗고 길복(吉服)을 입으려 하니 차마 못하겠다. 무너져 내리는 지극한 슬픔을 억제할 수 없으니, 경들은 잠시 강박하지 말라." 하였다.

② 김상철 등이 또 재삼 앙청하니, 사왕이 면복을 갖추고 여차에서 나왔다. 배시(陪侍)한 신하들이 국궁(鞠躬)하여 지영(祗迎)하였다. 좌통례(左通禮)가 사왕을 인도하여 판위 위에 나아가 사배(四拜)하였다. 끝나고서 좌통례가 사왕을 인도

하여 빈전 정문 밖에 있는 욕위에 가서 꿇어앉았다.

영의정 김상철이 유교를 받들고 좌의정 신회가 대보를 받들고서 앞으로 나아갔으나, 사왕이 울음을 머금고 목이 메어 차마 받지 못하였다. 김상철 등이 굳이 청하니, 사왕이 눈물을 뿌리며 억지로 받아서 도승지와 예방 승지(禮房承旨)에게 나누어 전하고 판위 위로 돌아가 예를 행하였다.

③ 사왕이 여를 타고 숭정문에 나아가 여에서 내렸다. 사왕이 목메어 울며 차마 어탑(御榻)에 오르지 못하니, 대신들이 앞에 나아가 아뢰기를, "저하(邸下)의 정사(情事)가 이러하신 것을 신들이 어찌 모르겠습니까마는, 오늘의 이 일은 예전부터 임금이 이미 행한 예(禮)입니다. 삼가 바라건대 선왕의 뜻을 생각하고 자성(慈聖)의 하교를 본받아 슬픔을 누르고 자리에 오르소서." 하니, 하령하기를, "이제 이곳에 오니, 가슴이 찢어지려 한다. 내가 어찌 차마 문득 이 자리에 오르겠는가?" 하고는 실성(失聲)하여 눈물을 흘리므로, 신하들이 다 울음을 머금고 차마 우러러보지 못하였다.

김상철이 말하기를, "이것은 종사(宗社)의 막대한 일인데, 저하께서는 다만 사사로운 애통 때문에 어찌하여 중대한 계통(繼統)을 생각하지 않으십니까? 또, 오늘은 대례(大禮)를 치르는 길이니, 천지의 신기(神祇)와 조종(祖宗)·신민(臣民)이 모두 기대하고 축원합니다. 삼가 바라건대 지극한 심정을 애써 누르고 빨리 보좌(寶座)에 오르소서." 하니, 하령하기를, "경들은 어찌하여 내 정사(情私)를 돌아보지 않고 이처럼 강박하는가?" 하고는 눈물을 흘려 마지않아서 슬픔이 전정(殿庭)에 있던 신하들을 감동시켰다.

④ 김상철 등이 눈물을 흘리며 다시 간청하니, 하령하기를, "이 자리는 선왕께서 임어(臨御)하시던 자리이다. 임어하실 때마다 내가 일찍이 어린 나이로 시좌(侍坐)하여 우러러보았거니와, 어찌 오늘 내가 이 자리를 맡을 줄 생각하였겠는가? 생각이 여기에 미치는데, 내가 어찌 차마 갑자기 오를 수 있겠는가? 경들은 강박하지 말고 잠시 내 마음이 조금 안정되기를 기다리라." 하였다. 김상철 등이 말하기를, "이 애통하신 하교를 받으니, 아랫사람의 심정은 더욱이 억눌려 못 견디겠습니다마는, 시각이 이미 늦었고 신민이 바라고 기다리니, 예를 행하는 것은 잠시도 늦출 수 없겠습니다." 하고 이어서 힘껏 청하니, 사왕이 드디어 어좌에 올랐다. 백관이 사배하고 산호(山呼)하고 또 사배를 행하였다. 끝나고서 전하가 어좌에서 내려와 여를 타고 대내로 돌아갔다.

# 혜경궁의 아들 정조

　　영조 38년(1762) 사도세자가 죽은 후 8월, 영조가 선원전 다례 참석차 창덕궁으로 왔을 때 혜경궁은 시아버지 영조를 선원전 가까운 습취헌으로 가 뵈었습니다. 혜경궁은 아들을 시아버지에게 보내야만 살릴 수 있다고 판단하고 모진 결정을 하였습니다. 혜경궁은 영조를 뵙는 자리에서 시아버지에게 세손을 왕이 계신 경희궁으로 데려가 가르치시길 바란다고 했고, 며느리의 마음을 아는 영조가 네가 과연 자식을 떠나보내고 견딜 수 있겠는지 물었습니다. 어린 세손은 울며 할아버지를 따라갔고, 창덕궁에 남은 혜경궁은 슬픔이 가슴에 맺혀 있어 자주 앓아 누웠습니다. 아들은 어머니가 아픈 소식을 들을 때마다 자신도 곧 침식(寢食)을 폐했으며, 날마다 새벽이면 수서(手書: 편지)를 올려 안녕하다는 소식을 듣고 나서야 비로소 수저를 들었습니다. 어린 세손 정조는 하루에도 서너 번씩 서신으로 어머니의 안부를 확인한 후에야 일을 시작하였습니다.

● 5월에 장헌 세자가 세상을 뜨자 상(어린 세손)은 슬픔으로 인한 손상이 너무 지나쳐 시자(侍者)들이 차마 눈뜨고 볼 수가 없었다. 경희궁에서 영종을 모시고 있으면서 낮이면 언제나 어좌(御座) 좌우를 떠나지 않고 밤이면 영빈(暎嬪) 곁으로 가 같이 밥 먹고 같이 자면서 갖가지로 위로했으며 그 후 갑신년 영빈의 병이 위독했을 때는 정성을 다해 간호하였고 급기야 상을 당해서는 임오년 상사 때 못지않게 슬퍼하었다.

　　　　　　　　　　　　　　　　　　　─《정종대왕행장》 중에서

숭정문 밖 오래된 느티나무

정조는 새벽에 깨면 어머니께 편지하여 서연 전에 혜경궁의 회답을 보고야 마음을 놓았고, 혜경궁이 병이 나면 홀로 의관과 증세를 논하여 약을 지어 보내기를 어른같이 하였습니다.

● 영조 40년(1764) 12월 26일 1번째 기사
임금이 거처를 경희궁으로 옮겼는데, 중궁전 · 혜빈궁 · 왕세손도 같은 날 따라갔다.

아들을 죽인 영조는 세손 정조를 보호하여 다음 왕위를 잇게 하니 1776년(영조 52) 3월 5일에 영조가 승하하고, 3월 10일 정조가 경희궁 숭정문에서 즉위하였습니다.

숭정문 밖 느티나무의 가을 풍경

# 경희궁의 정전, 숭정전

　'숭정(崇政)'은 '정사(政事)를 드높인다'는 뜻입니다. 숭정전(崇政殿)은 1617년(광해군 9)에서 1620년 사이 경덕궁을 창건할 때 지은 정전 건물로, 경희궁에서 가장 오래된 전각입니다. 그러나 숭정전의 원래 건물은 일제강점기에 이건되어 현재 동국대학교 안의 법당 정각원으로 쓰이고 있습니다. 경희궁의 숭정전은 1989년 12월 재건 공사를 시작하여 1994년 10월 주변 행각과 함께 새로 완공한 것입니다. 숭정

숭정전

상월대는 숭정전과 함께 새로 조성된 것이고, 하월대는 원래 자리로 돌아왔다.

전 기단을 이루고 있던 두 단의 월대 중 상월대는 건물과 함께 옮겨져서 현재 정각원에 있습니다. 숭정전의 하월대는 원래 자리에 남아 있고, 경희궁 터에 숭정전을 복원할 때 상월대가 새로 조성되었습니다.

숭정전을 드나드는 네 개의 문은 남쪽에는 정문 숭정문(崇政門)이 있고, 동행각의 여춘문(麗春門), 서행각의 의추문(宜秋門)과 북쪽 자정전으로 통하는 계단 위에 북행각의 자정문(資政門)이 있습니다.

경희궁의 정전 숭정전은 조선왕조 후기 약 240여 년간 법궁 창덕궁의 정전 인정전과 더불어 국가의 주요 행사를 치르는 공간으로 쓰였습니다. 국왕들은 숭정문에 나아가 백관의 ✿조참(朝參)을 받았습니다. 영조 때는 숭정문 앞에서 친국(親鞫)이 행해지기도 하였고, 시상(施賞), 인견(引見), 망배례(望拜禮), 정시(庭試) 등도 행해졌습니다. 1829년(순조 29)

일제강점기 폐허로 변한 숭정전의 하월대 (국립중앙박물관 소장)

경희궁에 대화재가 일어나 내전 주요 건물인 회상전(會祥殿)·융복전(隆福殿) 등은 불탔으나, 숭정전은 피해를 면했습니다.

1860년대에 경복궁을 중건하면서 경희궁의 건물 대부분을 헐어갔기 때문에 경희궁은 궁궐의 기능을 상실했습니다. 당시에 숭정전은 철거되지 않았지만, 숭정전 마당의 박석과 계체석(階砌石: 평평하게 다듬어

✿ **조참**: 문무백관이 국왕을 뵙고 문안 드리던 조회이다. 조참 의식은 중국에서는 당나라 때부터 시작되었는데, 우리나라에서는 신라 진덕여왕 때부터 있었다. 고려와 조선시대를 거치면서 더욱 체계적으로 다듬어져 국가의 위엄을 상징하는 의식으로 변하였다. 참여 계층의 제한이 있었던 상참(常參)과 달리 조참 때에는 서울에 있는 모든 관리가 참석하였다.

숭정전 하월대 소맷돌 면석

놓은 장대석) 등은 헐려 광화문 공사에 쓰였습니다. 그리고 그런 상태로 여러 해 동안 방치되면서 숭정전 일대는 거의 폐허처럼 변했습니다.

　대한제국 당시 황궁이던 경운궁(덕수궁)과 가까운 경희궁에서 주요 국가 행사를 치르기도 했는데, 이때 숭정전의 문과 벽을 제거하여 장 대(將臺: 장수의 지휘대)로 개조했고, 군사 훈련 등을 참관하는 용도로 사 용했습니다. 1910년 일제는 숭정전과 그 인근 부지에 일본인 자제를 위한 경성중학교를 세웠으나, 숭정전은 한동안 제자리에 있었습니다. 이후 숭정전은 1926년에 일본 사찰 대화정 조계사(大和町 曹溪寺)에 매 각되어 법당으로 바뀌었고, 기존 숭정전 자리에는 학교 식당이 들어섰 습니다.

# 숭정전의 원형, 정각원

      서울시 중구 장충동에 있는 동국대학교 정각원(正覺院)은 경희궁의 정전 숭정전을 옮겨 지은 건물입니다. 서울시는 경희궁의 숭정전을 복원 공사할 때 숭정전의 원래 건물인 정각원을 제자리에 옮겨 지으려 하였으나, 건물이 낡고 변형이 심해 이전의 어려움도 있고 동국대학교 사유재산이라는 이유도 있어 원형 건물 이축이 불가능해졌습니다. 이로 인해 서울시는 1985년부터 여러 차례 숭정전 건물지의

동국대학교 법당으로 사용하고 있는 정각원

정각원 안쪽에 걸려 있는 숭정전 현판

발굴 조사를 실시한 후 1989년부터 6년에 걸쳐 원래 자리에 새 건물을 복원하겠다고 발표했습니다.

숭정전은 일제에 의해 경희궁이 훼철되면서 1926년 총독부가 매물로 내놓은 것을 일본 사찰 조계사가 사들여 법당으로 개조하였습니다. 이 조계사는 현재의 대한불교 조계종의 조계사와는 같은 절이 아닙니다. 광복 이후 조계사의 부속 건물들은 철거되고, 그 부지에 동국대학교 건물들이 세워지면서 본당인 숭정전만 남았습니다. 그리고 숭정전이 1976년 지금의 위치로 이건된 후 정각원으로 바뀌었습니다. 이런 이유로 해서 현재 동국대학교 정각원은 여러 사람들을 위한 법회나 명상 수업을 위해 법당으로 사용되고 있습니다. 그러나 정각원 문 안쪽

● 정각원(숭정전) 계단 중앙의 판석과 소맷돌

소맷돌 면석의 구름 문양

정각원 계단 판석(숭정전 상월대 어계)

의 어칸석 위에 원래의 집 이름 숭정전 현판이 자신의 원래 태생이 경희궁이라는 것을 말하고 있습니다.

숭정전은 광해군이 창건할 당시에는 경덕궁의 융정전(隆政殿)이었다가 인조 대에 숭정전으로 이름을 바꾸었습니다. 숭정전 수리에 관련된 사료를 살펴보면, 조선시대에 숭정전이 6차례 수리되었음을 알 수 있는데, 광해군 때 창건된 이래 일제에 의한 이건(移建)과 현 정각원 위치로의 이축 외에는 건축 공사가 없었던 것으로 보입니다.

현재 정각원으로 파악하는 숭정전의 건축 요소가 일반 궁궐의 정전과 다른 형식 중 하나는 공포 양식과 보개천장의 부룡(浮龍)입니다. 현존하는 조선왕조의 궁궐 건축의 정전들은 모두 다포양식으로 조성되어 있으나, 숭정전은 다포와 주심포 및 익공의 절충형이며 내부에서는 이마저도 없이 보아지(기둥머리에 끼워 보의 짜임새를 보강하는 짧은 부재)로만 결구되어 있습니다. 그동안 광해군 창건 때 빨리 짓도록 서두른 결과 이러한 양식이 나타났다는 주장과, 언젠가 현재의 모습으로 변형되었을 것이라는 주장이 맞서왔습니다. 그러나 같은 시기에 지은 창경궁 명정전과 비교해 보면, 숭정전이 처음부터 지금과 같은 양식으로 지어졌다고 보기는 어렵고, 19세기 중반 이후의 수리 과정에서 변형되었을 것으로 추정합니다. 그리고 정각원 보개천장의 부룡은 일반 궁궐의 용이나 봉황이 금박을 올린 것과 달리 흑칠이 되어 있어서 이런 유일한 칠의 방식도 그 원형과 변형을 파악하기 쉽지 않습니다.

● 숭정전 수리 연혁

| 시기 | 내용 | 전거 | 비고 |
|---|---|---|---|
| 1693년<br>(숙종 19) | 숭정전, 자정전 사이의 굽은 대들보 수리, 현판 금칠, 숭정전 소속 내반원 및 각처 수리 | 《경덕궁수리소의궤》 | |
| 1711년<br>(숙종 37) | 훼손된 반자 수리 | 《승정원일기》 | |
| 1786년<br>(정조 10) | 장락전, 광명전, 중희당, 영선당 수리 후 단청 | 《승정원일기》 | 문효세자 혼전 수리 |
| 1860년<br>(철종 10) | 경희궁 전각 대대적 수리 | 《철종실록》,<br>《일성록》 | 이어 준비 |
| 1878년<br>(고종 15) | 숭정전에 문제 있는 부분 수리 | 《일성록》 | 철인왕후 우주 설치 |
| 1904년<br>(광무 8) | 수리 | 《관보官報》 | 칭경예식 준비 |

# 정각원 칠조룡

현재 정각원에는 숭정전 내부에 있던 어좌를 없애고 불상을 모신 불단을 설치했는데, 사실 궁궐의 정전에 설치한 어좌나 법당의 불단이 비슷한 구조를 가진 면도 있습니다. 바로 어탑(御榻) 위의 보개(寶蓋)나 불단 위의 보개는 그 의미가 같습니다. 보개는 존엄한 존재의 행렬에서 등장했던 산개(傘蓋)가 건축에 도입되었기 때문에 왕이나 부처의 존엄을 드러내기 위해 보개가 위에 드리워지는 구조는 같은 성격으로 이해 할 수 있습니다.

한편 보개천장에는 생동감 넘치는 한 쌍의 용 조각이 구름 속을 날며 여의주를 희롱하고 있습니다. 보개천장의 부룡(浮龍)은 흑색(黑色)의 칠조룡(七爪龍)이라는 점이 특별합니다. 궁궐에는 왕의 위엄을 상징하는 황룡을 정전 한복판의 보개천장이나 어탑 위의 닫집에 설치하는데, 숭정전 보개천장의 칠조룡은 검은색입니다. 이는 확실하지는 않지만, 원래 숭정전에 황룡(黃龍)으로 설치된

정각원 흑룡

현재 복원된 경희궁 숭정전의 황룡

것을 후대에 검게 덧칠한 것으로 보입니다.

현재 복원된 경희궁의 숭정전 보개천장에는 뚱뚱하고 비례도 맞지 않는 황룡을 설치했습니다. 그리고 2012년 말에 경희궁 숭정전 보개천장의 장난감처럼 생긴 용이 잘못 복원되었다는 글이 인터넷에 게재되었는데, 이는 형태 표현에서 가장 신경 써야 하는 비례를 무시한 것뿐만 아니라 쌍룡이 마주보는 자세 배치가 정각원 칠조룡은 물론이고 경복궁 근정전이나 덕수궁 중화전과 반대로 뒤집혀 있는 큰 오류가 결정적입니다. 누군가는 흑칠조룡(黑七爪龍)은 광해군의 자주정신이 투영된 것으로 중국 황제의 황룡을 제압하는 의미로 흑룡을 설치한 것이라고도 하는데, 이는 정확한 근거로 사용하기에는 그 타당성이 상당히 주관적입니다.

이렇게 발톱이 7개인 칠조룡은 경복궁 근정전에 보이고, 원구단 황궁우와 창덕궁 신선원전의 보개천장에는 발톱이 8개인 팔조룡(八爪龍)입니다. 그런데 이들 부룡은 모두 황금색을 칠한 황룡입니다. 고종이 대한제국 선포 이후, 황제의 상징으로 중화전에 오조룡(五八龍)을 설치한 것을 보면 숭정전과 경복궁의 칠조룡은 매우 특이한 예입니다. 대한제국 시기보다 앞서 건축된 경복궁 근정전의 칠조룡이 혹시 숭정전의 칠조룡을 따라한 것은 아닐까 하는 생각도 해보았습니다. 물론 숭

정각원 숭정전 현판과 보개천장의 흑룡          경희궁 숭정전 보개천장의 황룡

정전 칠조룡의 제작 시기는 목조 연륜 연대 측정으로 명확히 알 수 있
겠지만, 현재는 모든 자료가 충분치 않고 다만 숭정전의 건축 양식이
지금과 같은 모습이 된 시기인 19세기 중반 이후로 추정해 볼 수 있습
니다.

　그리고 숭정전 어탑의 어좌 위에 설치되었던 닫집의 부조 용조각은
현재 동국대학교박물관 석조 불상의 위에 설치해 놓아 한 벌로 있어야
할 정전의 위엄을 제각각 분산해 놓았습니다.

원형을 상상하여 그린 숭정전(정각원) 칠조룡

# 숭정전 하월대 어칸석의 공작

숭정전 하월대 계단 중간의 판석(어칸석)에는 머리에 벼슬이 뚜렷한 공작 한 쌍이 조각되어 있습니다. 공작 문양이 의미하는 것은 공작 날개의 색이 오색이므로 오행설(五行說)과 관련하여 현세에 있는 조류 중 왕좌를 차지한 길조라고 생각했습니다. 또 공작을 흉배에 수놓으면 성군을 모시는 충신이 된다는 뜻이라 합니다.

우리는 흔히 궁궐 정전의 월대를 오르는 계단 어칸석 표면에 새긴 문양을 용이나 봉황으로 구분하고 있습니다. 상하월대가 있는 경우 대부분은 아래위 판석에 같은 문양을 새기는데, 경희궁 숭정전의 문양은 상하가 다릅니다. 근정전과 인정전 월대의 문양은 상하월대 모두 봉황

숭정전 하월대 어칸석의 공작

정각원(숭정전) 상월대 어칸석의 봉황

을 조각했고, 덕수궁의 중화전은 애초 대한제국의 황궐로 형상화되는
용 문양입니다.

원래 숭정전 상월대에는 봉황을 조각하고 하월대에 공작을 새겼습
니다. 광해군이 경덕궁을 창건할 당시 숭정전 상하월대의 어칸석에 각
각 다른 문양을 조각한 것입니다. 숭정전 월대 어칸석의 문양처럼 봉
황·공작이 쌍을 이루는 구조는 바로 창경궁 명정전 월대 어칸석 문양
에도 보입니다.

그런데 지금 복원해 놓은 경희궁 숭정전의 어칸석 문양은 상하월대
모두 공작을 조각했습니다. 이는 정각원에 딸린 계단 판석의 문양을
확인하면 복원에 오류가 있었다는 것을 확인할 수 있습니다. 숭정전을
복원하여 건물을 새로 지을 때 상월대의 문양을 당시 제자리에 남아
있던 하월대 공작 문양을 베껴 조각한 것입니다. 그것도 돌조각의 형

정각원 숭정전 상월대 어칸석의 봉황 문양 탁본　　경희궁 숭정전 하월대 어칸석의 공작 문양 탁본

상 마무리에 세심한 정 다듬질을 하지 않고 날카로운 전기 정으로 무성의하게 깎아낸 선 자국이라니. 〈경희궁은 살아 있다〉 특별전에 숭정전의 어칸석 문양 탁본을 전시한 것을 확인하면, 그 구분은 뚜렷합니다. 많은 비용을 들여 문화재를 복원하면서 이런 어처구니없는 실수가 나오게 하는 무신경이 안타깝습니다.

숭정전 하월대 어계와 판석

숭정전 품계석

      1990년대 초 숭정전 일곽을 복원하면서 숭정전 조정 뜰에 당연히 품계석을 세웠습니다. 그런데 정작 조선시대에는 숭정전에 품계석이 없었을 것입니다. 원래 궁궐의 품계석이 설치되기 시작한 때는 정조 즉위 이후입니다. 품계석이 처음 세워진 궁궐은 창덕궁이고, 고종 때 중건된 경복궁이나 경운궁은 이를 따라 품계석을 설치했습니다. 실제로 〈동궐도〉에 보이는 창덕궁 인정전 조정에 보이는 품계석이 경희궁을 그린 〈서궐도안〉과 대한제국 시기에 촬영한 경희궁 사진에서 품계석은 보이지 않습니다. 같은 〈동궐도〉에 창경궁 명정전 앞에는 품계석이 보이지 않는 것은 법궁의 정전과 이궁의 형식적인 정전의 구분을 둔 것은 아닐까요? 우리는 궁궐에 가면 모든 정전 앞에 품계석이 있어야 한다고 강박하고 있는지도 모르겠습니다.

〈서궐도안〉의 숭정전 조정에는 품계석이 보이지 않는다.

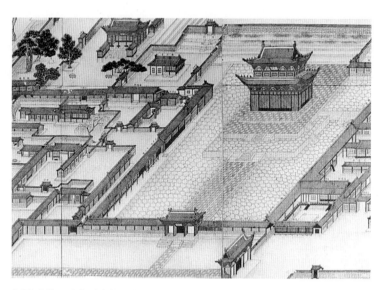

〈동궐도〉에 그려진 인정전 조정에는 품계석이 있다.

숭정전 상월대의 드므입니다.

숭정전 상월대와 하월대의 드므

숭정전 상월대에서 새문안길 건물군과 N서울타워를 바라봅니다.

숭정전 상월대와 서행각

높낮이의 차이를 보여주는 숭정전 동쪽 행각입니다.

숭정전 서쪽 행각

'자정(資政)'은 '정사를 돕는다'는 뜻이다. 경희궁의
정전인 숭정전의 뒤편에 있으므로 왕은 이곳 자정전에
거처하면서 연향을 베풀고 정사를 돌보았다.

# 8

# 자정전,
## 왕의 집무 공간

숭정전 뒤편에서 바라본 자정문

# 자정문

　자정전(資政殿)으로 들어가기 전 자정문(資政門) 앞에 서 보시 겠어요. 숭정전 월대 뒤편으로 가면 자정문에 이르는 계단이 상당히 가파릅니다. 동서로 펼쳐지는 숭정전 행각 역시 지세를 따라 북쪽에 이르면 자정전 남쪽 담장과 맞닿은 지붕선의 꺾임이 점점 높아집니다. 경복궁이나 창덕궁의 완만한 지형에서는 볼 수 없는 경사도입니다.

　경희궁은 북쪽으로 갈수록 지세가 높아져서 마치 동궐 후원처럼 산 으로 둘러싸인 지형입니다. 그래서 경희궁의 편전인 자정전은 숭정전 뒤편에 아주 높이 있고, 자정문 계단을 다 오르기 전까지는 문 안의 구조가 보이지 않습니다.

숭정전 뒤편의 자정문

# 자정전

숭정전 뒤편에 위치한 자정전(資政殿)은 경희궁의 편전으로 상참(常參), 경연, 인견 등을 행하는 왕의 집무 공간입니다. '자정(資政)'은 '정사를 돕는다'는 뜻입니다. 숙종이 승하하자 자정전을 빈전으로 사용하였고, 때때로 선왕의 어진이나 위패를 봉안하기도 하였습니다.

자정전

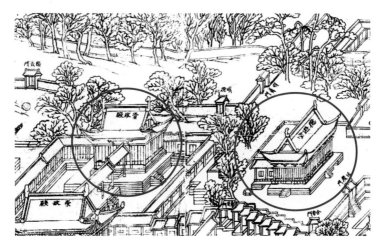

〈서궐도안〉의 자정전과 덕유당

숙종·영조 연간까지 활발히 사용되었으나, 정조 이후부터는 사용이 뜸해졌습니다. 자정전이 빈전으로 사용되고 숭정전 뒤편 언덕에 있어서 접근하기가 편하지 않자 조선 후기에는 내전과 가까운 흥정당(興政堂)을 편전으로 사용했습니다. 자연히 자정전은 편전으로서의 기능을 잃고 1865년 고종 때 경복궁을 중건하면서 경희궁의 다른 건물들과 함께 헐려 경복궁 건축재로 쓰였습니다.

자정전의 동쪽에는 덕유당(德游堂)이라는 별당이 있었습니다. 지금은 소실되어 〈서궐도안〉에서 그 흔적만 확인할 수 있습니다. 이곳에서 숙종 비인 인원왕후가 머물렀고, 경종 비 선의왕후도 거처했던 것으로 기록되어 있고, 또한 왕비들의 친경, 친잠 등 다양한 용도로 사용되었습니다.

자정전 서편 복노각에는 경희궁 복원 당시 원래 자정전 행각 바닥에

자정전 행각 바닥에 깔았던 방전이 전시된 자정전 서쪽 행각

깔았던 방전이 발굴되어 자정전에서 행각으로 연결되는 구조를 확인해
볼 수 있습니다. 자정전 높은 지세에서 보면 서편 담장 너머로 보이는
서울기상관측소나 서울시교육청이 원래의 경희궁 터에 들어와 있습니
다. 경희궁 영역을 침범한 도심 공공시설로 인한 갑갑함은 있지만, 담
장 자정전 뒤편 경사진 화계에 펼쳐지는 자연은 이 궁궐이 작아진 영역
안에서도 살아 숨 쉬고 있다는 생각을 하게 됩니다.

자정전 뒤편의 화계

자정전 화계의 봄

자정전 뒤편의 산책길로의 가을

높은 지세의 자정전 영역과 그 너머로 보이는 서울시교육청

자정전 일곽의 선경

이익공 양식의 흥정당은 기단을 뒤로 물리고 정면에 돌기둥을 놓아 누각 또는 다락집처럼 보이게 만든 17세기 궁궐 건축의 특징이 보인다.

《서궐영건도감의궤》에 그려진 흥정당

# 9

## 흥정당과 존현각,
## 경연이 열리다

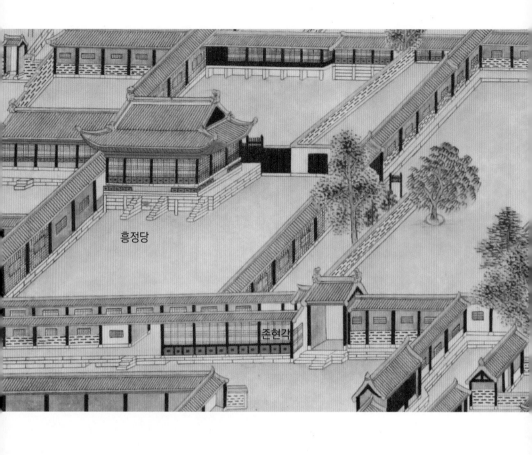

흥정당

존현각

〈서궐도〉에 보이는 흥정당과 존현각입니다.

# 흥정당

흥정당(興政堂)은 경희궁의 편전으로 사용되었습니다. 편전은 평상시 임금이 나랏일을 보고 경연을 하던 곳으로 경희궁의 공식적인 편전은 자정전이지만, 일상적으로는 흥정당을 더 많이 활용했습니다. 자정전이 숭정전 뒤편의 너무 가파른 언덕에 있고, 더구나 조선 후기에는 자정전을 빈전으로 주로 사용했기 때문에 국왕의 집무 공간으로 숭정전 동쪽에 있는 흥정당을 더 편하게 사용하였습니다.

흥정당은 또 침전인 회상전과 융복전의 바로 남쪽에 있어서 자정전보다 접근성이 훨씬 좋았습니다. 임금들은 신료들을 불러 흥정당에서 강연(講筵: 임금 앞에서 강론을 펼치던 일)을 열었습니다. 현종은 재위 기간 모든 정무를 흥정당에서 보고 대신들을 인견(引見)하였으며, 고서를 진강하는 등 역대 어느 왕보다 흥정당에서 많은 시간을 보냈습니다. 심지어 어의가 흥정당에 수시로 입신하여 침을 놓고 왕의 건강을 살핀 실록 기사로 보아 흥정당은 현종에게 편전이자 시오소로서의 기능을 한 공간으로 쓰였던 것으로 보입니다. 그리고 순조 비 순원왕후가 8세에 경희궁에서 즉위한 헌종을 도와 흥정당에서 수렴청정을 했습니다.

● 헌종 즉위년 11월 18일 1번째 기사
임금이 숭정문(崇政門)에서 즉위하였다. 왕대비(王大妃)를 받들어 수렴청정(垂簾聽政)의 예를 흥정당에서 행하고, 조하를 받은 다음 교서(敎書)를 반문하고 대사(大赦)를 베풀었다.

1829년(순조 29) 10월에 회상전에서 화재가 일어났을 때 같이 불타 1831년(순조 31)에 재건했습니다. 이익공 양식의 흥정당은 기단을 뒤로 물리고 정면에 돌기둥을 놓아 누각 또는 다락집처럼 보이게 만든 17세기 궁궐 건축의 특징이 보입니다. 정면 기준 2칸은 대청이고 좌·우로 온돌을 두어 사시사철 편하게 이용할 수 있게 했고. 동쪽 측면에는 가퇴를 두어 공간을 보다 넓게 활용할 수 있게 했습니다. 흥정당 남행각에는 세자의 도서실인 존현각(尊賢閣)과 주합루(宙合樓), 관문루(觀文樓), 동이루(東二樓), 홍월루(虹月樓)가 있었습니다.

경복궁 중건 때에도 흥정당 건물은 그대로 있었으나, 일제가 경성중학교를 짓고 흥정당 건물은 1915년 4월부터 1925년 3월까지 임시소학교 교원양성소 부속 단급소학교의 교실이 되었습니다. 이후 1928년 3월에 지금의 용산 지역에 있던 광운사(光雲寺)에서 건물을 사서 뜯어갔습니다. 1950년대까지 있었다고 하는데, 지금은 남아 있지 않습니다.

● 인조 2년(1624) 8월 17일 2번째 기사
흥정당(興政堂)에서 야대(夜對)하여 《대학연의大學衍義》를 강하였다. 시강관 이식(李植)이 아뢰기를, "모든 일은 천리(天理)가 아니면 인욕(人欲)입니다. 기질이 고명한 사람도 사욕에 오염되는 것을 면하지 못하는데, 더구나 임금은 높은 지위에 있으면서 물욕이 번갈아 공격하는 것이 여느 사람과 더욱 다르니, 반드시 분발하여 뜻을 세우고 날마다 끊임없이 새로워지셔야 합니다. 그러고서야 천리가 늘 보존되고 인욕이 물리쳐질 것인데, 그 요체는 또한 어진 신하를 가까이하고 간사한 사람을 멀리하는 데에 있을 뿐입니다." 하였다. 강이 끝나자 술을 내리고 파하였다.

# 상참

　　상참(常參)은 의정(議政)을 비롯한 주요 부서의 당상관과 시종관(侍從官) 및 사관들이 매일 아침 편전에서 임금을 알현하여 문안 인사를 올리고 정사(政事)를 아뢰던 행사였으며, 이때 국사를 논하거나 경연이 이어지기도 하였습니다. 세조 1년(1455)에는 나이든 대신들의 건강을 우려하여 해 뜬 후 5각이 지나서 실시하도록 하였고, 종친과 부마도 참여하게 하였습니다. 중앙 관서의 관원이 몰려서 참가하는 번거로움을 피하기 위해 윤번을 정하여 교대로 참석하도록 하였습니다. 원칙은 국왕의 집무실인 편전에서 상참을 하도록 하였으나, 영조는 경희궁에 임어할 때 숭정전 월대에서까지 상참(常參)을 받는 등 여러 전각을 상참 장소로 활용한 것을 확인할 수 있습니다.

　　더구나 영조는 조정의 중신들이 알현하는 자리에 세손이 옆에 시좌하게 하여 국정을 익히는 예비 교육에 들어갔습니다. 영조는 경희궁 임어 초기부터 영조는 정조를 동궁으로 호칭하도록 신하들에게 명했습니다. 정조에 대한 왕위 승계의 입지를 확고히 해두려는 의도입니다. 할아버지 영조가 열한 살의 어린 세손에게 제법 어려운 질문을 하거나 경연에도 참석하여 강론하게 하여 신하들에게 내세우는 행위는 단순히 총명한 손주 자랑이 아니라 승계의 정통성을 염두에 둔 기반 다지기로 보입니다. 또 영조는 존현각(尊賢閣)은 자신이 연잉군 때 경서를 강습하던 곳이니, 수리하여 동궁이 그곳에서 강습하도록 하라고 지시하였습니다. 영조 때 상참 장소로 전각을 활용한 기사가 보입니다.


● 영조 38년(1762) 8월 27일 1번째 기사

임금이 경현당에 나아가 상참을 행하고, 이어서 주강하여 《중용》을 강하였다. 동궁에게 시좌(侍坐)를 명하고, 빈객(賓客)과 춘방으로 하여금 서연(書筵)의 예에 따라 임금의 앞에서 개강(開講)하게 하여 어려운 문의(文義)를 발문(發問)하였다. 임금이 동궁에게 묻기를, "'저는 작위로, 나는 내 뜻으로[彼以其爵 我以吾義]'라는 말에서 내 뜻이란 무슨 말이냐?"하니, 동궁이 대답하기를, "인의(仁義)가 내게 있지 다른 곳에 있지 않다는 말이므로 내 뜻이라 한 것입니다." 하매, 임금이 기뻐하며 말하기를, "조선(朝鮮)은 이제 잘 될 희망이 있다." 하였다. …


[1] 영조 38년(1762) 9월 16일 2번째 기사

임금이 경현당(景賢堂)에 나아가 상참을 행하고, 이어서 조강(朝講)하여 《중용》을 강하였다. 임금이 말하기를, "내가 실지에 힘쓰지 않으면, 경 등은 광구(匡救: 잘못된 것을 바로잡음)하여 서로 면려(노력하고 힘쓰다)하는 것이 옳다." 하였다.


[2] 영조 39년(1763) 6월 22일 1번째 기사

임금이 숭정전(崇政殿) 월대(月臺)에 나아가 상참을 행하고 이어서 조강(朝講)을 행하였다. 왕세손이 시좌(侍坐)하여 《맹자孟子》를 강하였다.


[3] 영조 44년(1768) 8월 18일 2번째 기사

임금이 자정전(資政殿)에 나아가 상참을 행하였는데, 왕세손이 모시고 앉았다.


[4] 영조 45년(1769) 3월 17일 1번째 기사

임금이 자정전(資政殿)에 나아가 상참을 행하였다.

# 계마수조

《동국여지비고》에 '계마수조(繫馬樹棗: 말을 매어 둔 대추나무)'에 관한 흥미로운 기록이 남아 있습니다.

● 원종이 잠저(潛邸)에 있을 때 손수 한 그루의 대추나무를 심고 아침저녁으로 사랑하여 구경하며, 때로는 말을 매고 이름하기를 계마수(繫馬樹)라 하였다. 그후에 나무가 문득 말라 죽어 몇 해가 되었는지 모르는데, 현종 신축년(1661)에 나무가 다시 거듭 피어나더니 이해에 숙종이 태어났다. 경종 신축년(1721)에 또 다시 거듭 피어났는데 영묘(英廟)가 세자가 되었으며, 정조 임인년(1782)에 또 다시 거듭 피어나더니 문효세자(文孝世子)가 여기서 탄생하였으니, 이상한 일이다. 궁중에 두 그루의 나무가 있으니 계마(繫馬)라 하는데, 하나는 흥정당 서쪽의 통양문(通陽門) 안에 있고, 하나는 흥정당 동쪽의 흥태문(興泰門) 안에 있는데 모두 고적(古蹟)이다.

〈서궐도안〉에 이 두 그루의 상서로운 대추나무를 그려놓았습니다. 흥정당과 숭정전 사이 통양문 안쪽에 그려진 고목이 원종이 심었다는 백 년도 넘은 계마수조로 보입니다. 그리고 흥정당 동편 흥태문 안쪽 키 큰 나무 한 그루가 그려져 있는데, 이 나무가 정조가 존현각 뜰에서 본 대추나무로 추정됩니다.

● 정조 1년(1777) 7월 9일 1번째 기사
존현각(尊賢閣)에 나아가 뜰 앞의 대추나무를 가리키며 말하기를, "이 궁(宮)은 곧 원종(元宗)의 잠저(潛邸)였는데, 일찍이 이 나무에다 말을 매며 '계마수(繫馬

존현각 뜰 앞의 계마수조로 추정

樹)' 라고 이름했다. 해가 오래 되자 나무가 말랐었는데, 요사이에 어느새 곁가지에서 싹이 나와 길이가 담장을 벗어나게 되었으니 상서로운 나무라 해야 하겠다." 하였다.

위의 실록 기사는 인조 즉위의 상서(祥瑞)를 계마수(繫馬樹)로 다시 한 번 상징화한 것입니다. 숙종이 정원군의 집터에 왕기가 서린 왕암을 서암으로 개명한 것과 같은 맥락입니다. 인조 이래 왕계의 정통성을 강조하려는 것으로, 새문안길 정원군 사저의 왕기설과 함께 왕암이나 계마수조의 상서론도 같은 맥락의 의도로 보입니다.

# 존현각

존현각(尊賢閣)은 왕세자의 공부방입니다. 경희궁의 편전인 흥정당(興政堂)의 남행각에는 중층 건물이 있었는데, 1층 존현각은 동궁 정조가 독서하는 곳이었고, 2층 주합루(宙合樓)에는 서적을 보관하였습니다. 흥정당에서는 왕이 신하들과 경서를 공부하는 경연(經筵)을 하고, 존현각에서는 정조가 스승들과 공부하는 서연(書筵)이 행해졌습니다. 숙종 43년(1717년) 영조가 존현각에서 경서를 강하였는데, 이것을 회고하여 영조 38년(1762)에 이 건물을 새롭게 고쳐서 동궁이 강습하는 곳으로 사용하도록 하고, 기문(記文)을 적어 존현각에 걸도록 하였습니다.

1762년 임오화변으로 아버지 사도세자를 잃은 세손 정조는 어머니 혜경궁 홍씨와 생이별을 하고 영조가 거처하는 경희궁으로 따라갔습

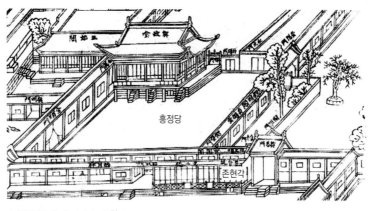

〈서궐도안〉의 흥정당과 존현각

니다. 1775년(영조 51) 왕은 왕세손에게 대리청정(代理聽政)을 명하고 12월 7일 청정의 절차를 밟게 합니다. 대리청정 3개월 후 정조가 왕위에 오를 때까지 영조는 왕세손의 처소를 경현당(景賢堂)으로 하고 평소 인접은 존현각에서 하도록 규정하였습니다. 이에 왕세손 정조는 조참(朝參)은 경현당에서 하고, 평소에 신하를 만나 정치적 논의를 행하는 정무 장소로는 존현각을 활용하였습니다. 정조는 왕세손 시절에 존현각에서 이루어지는 일과를 ✿《존현각일기(尊賢閣日記)》로 기록하였고, 이는 후대에 왕의 ✿《일성록(日省錄)》으로 작성되었습니다.

또한 이곳은 정조 즉위년 괴한들 존현각으로 침입해 들어와 정조 암살을 시도한 정유역변의 현장이기도 합니다.

✿ 《존현각일기》 : 정조는 매일 자신의 일을 기록하고 반성하는 데 철저하여 왕 자신의 업무 기록과 문헌 정리에 많은 기록을 남겼는데, 그중 《존현각일기》는 《논어》에서 증자가 말한, "나는 날마다 세 가지 기준을 가지고 스스로에 대해 반성한다"는 글귀를 쫓아 정조 자신이 반성하는 자료로 활용하기 위해 작성되었습니다. 이 책은 1783년(정조 7)부터 국왕의 개인 일기에서 규장각 관원들이 시정(施政)에 관한 내용을 작성한 후에 왕의 재가를 받은 공식적인 국정 일기로 전환되었습니다. 《일성록》은 임금이 국정을 파악하는 데에 매우 중요한 자료가 되었다. 실제로 정조는 국정의 세부적인 사항에 대해서까지 당시 신하들을 능가하는 지식을 가지고 있었음을 확인할 수 있다.

✿ 《일성록》 : 《일성록》은 정조가 세손 시절부터 자신의 언행과 학문을 기록한 《존현각일기》에서 출발한다. 왕의 입장에서 편찬한 일기의 형식을 갖추고 있으나 실질적으로는 정부의 공식 기록이다. 1760년(영조 36) 1월부터 1910년(융희 4) 8월까지 151년간의 국정에 관한 제반 사항들이 기록되어 있는 일기로, 필사본 총 2,329책으로 1973년 12월 31일에 국보로 지정되었고, 서울대학교 규장각에서 관리하고 있다.

# 정조의 즉위와 정유역변

영조는 죽기 넉 달 전인 영조 51년(1775) 11월 20일 집경당에 나아가 시임 대신·원임 대신을 불러 보고 "신기(神氣)가 더욱 피곤하니 비록 한 가지의 공사를 펼치더라도 진실로 수응하기 어렵다. 이와 같은데도 어찌 만기(萬幾)를 수행하겠느냐? 국사를 생각하느라고 밤에 잠을 이루지 못한 지가 오래되었다. 어린 세손이 노론을 알겠는가? 소론을 알겠는가? 남인을 알겠는가? 소북을 알겠는가? 국사를 알겠는가? 조사를 알겠는가? 병조판서를 누가 할 만한가를 알겠으며, 이조판서를 누가 할 만한가를 알겠는가? 이와 같은 형편이니 종사(宗社)를 어디에 두겠는가? 나는 어린 세손으로 하여금 그것들을 알게 하고 싶으며, 나는 그것을 보고 싶다. … 전선(傳禪: 미리 선위함)한다는 두 자를 하교하고자 하나, 어린 세손의 마음을 상하게 할까 두려우므로 말하지 않겠다. 그러나 대리청정(代理聽政)하는 일에 이르러서는 본래부터 국조(國朝)의 고사(故事)가 있는데, 경 등의 생각은 어떠한가?" 하고 왕이 물으니 홍인한이 말하기를, "동궁은 노론이나 소론을 알 필요가 없고, 이조판서이나 병조판서를 알 필요도 없습니다. 더욱이 조사(朝事: 조정의 일)까지도 알 필요 없습니다." 하고, 여러 대신들 또한 "성상의 안후가 더욱 좋아지셨습니다."라고 말했습니다. 이는 세손에게 대리청정하게 하여 국정을 익히게 하겠다는 영조의 말에 23세의 왕세손이 왕위를 이을 자격이 없다는 뜻을 노골적으로 드러낸 무례한 발언이었습니다.

영조는 분노하고 탄식하였습니다. 이때 영조는 이미 81세가 되니 몸에 병이 해마다 더 많아지고 늘 나라의 여러 가지 일들로 근심하였습니다. 그러나 결국 다음달 12월 영조는 왕세손에게 대리청정을 명하였고 대리청정한 지 석 달 만에 왕이 승하하자 1776년 3월 10일 정조가 숭정문에서 즉위하였습니다. 정조는 즉위 후 홍인한·정후겸 등 외척들을 몰아내고 이들과 결탁하여 정치에 간섭한 환관들도 대폭 정리하였습니다.

그러나 재위 초반 노론 벽파의 세력에 둘러싸여 정치적 입지가 불안하던 정조는 암살의 위협과 역변에 휘말리게 되었습니다. 경희궁 존현각에서 일어난 이 사건을 정유역변이라 합니다. 정유역변은 정조 원년(1777) 7월 28일 홍술해의 아들 홍상범이 아버지가 황해도 관찰사로 있을 때 범인을 은닉한 죄로 유배당하자 이에 불만을 품고 아버지 홍술해, 숙부 홍필해·홍지해·홍찬해 등이 호위군관 강용휘 등과 공모하여 벌인 역모 사건입니다. 이들은 노론 벽파와 제휴하여 정조를 시해하고 은전군(사도세자의 서자) 이찬을 추대하려는 반역을 꾀하였습니다.

정조는 금위대장 홍국영에게 대궐을 수색하게 했으나 범인은 잡히지 않았고, 거처를 창덕궁으로 옮기고 경비를 강화했습니다. 이후 8월 11일 밤 다시 임금을 암살하기 위해 창덕궁 서쪽 담장을 넘던 범인이 경추문 수포군에 의해 붙잡혔고 연루된 인물들을 색출했습니다. 이때 홍상범 등이 체포되어 주살(誅殺)당하고, 홍상범 등에 의해 추대되었던 은전군은 이듬해 사사(賜死)되었습니다. 정조는 이복동생인 은전군을 사사해야 한다는 신하들의 요구에 직면하자 며칠간 신하들과 대립한 끝에 눈물을 흘리면서 자진을 명했습니다. 은전군은 자신이 역모를 하지 않은 이상 죽을 이유가 없다며 반항하자 삼사와 의금부의 탄핵이 거세어졌고, 정조 2년(1778) 8월 왕명으로 사약을 내려 은전군을 사사 하였습니다. 2014년 개봉된 영화 〈역린〉은 정유역변을 기반으로 각색 한 작품입니다.

● 정조 1년(1777) 7월 28일 1번째 기사

대내(大內)에 도둑이 들었다. 임금이 어느 날이나 파조(罷朝)하고 나면 밤중이 되도록 글을 보는 것이 상례이었는데, 이날 밤에도 존현각(尊賢閣)에 나아가 촛 불을 켜고서 책을 펼쳐 놓았고, 곁에 내시(內侍) 한 사람이 있다가 명을 받고 호 위(扈衛)하는 군사들이 직숙(直宿)하는 것을 보러 가서 좌우(左右)가 텅 비어 아 무도 없었는데, 갑자기 들리는 발자국 소리가 보장문(寶章門) 동북쪽에서 회랑 (回廊) 위를 따라 은은하게 울려왔고, 어좌(御座)의 중류(中霤) 쯤에 와서는 기 와 조각을 던지고 모래를 던지어 쟁그랑거리는 소리를 어떻게 형용할 수 없었 다. 임금이 한참 동안 고요히 들어보며 도둑이 들어 시험해 보고 있는가를 살피 고서, 친히 환시(宦侍)와 액례(掖隸)들을 불러 횃불을 들고 중류 위를 수색하도 록 했었는데, 기와 쪽과 자갈, 모래와 흙이 이리저리 흩어져 있고 마치 사람이 차다가 밟다가 한 것처럼 되어 있었으니 도둑질하려 한 것이 의심할 여지가 없었 다. 드디어 도승지 홍국영을 입시(入侍)하여 고할 것을 명하였기 때문에, 홍국영 이 말하기를,

"전폐(殿陛) 지척(咫尺)의 자리가 온갖 신령(神靈)들이 가호(呵護)할 것인데, 어찌 이매 망량(魑魅魍魎) 붙이가 있겠습니까? 필시 흉얼(凶孼)들이 화심(禍心)을 품 고서 몰래 변란을 일으키려고 도모한 것입니다. 고금 천하에 어찌 이러한 변리 가 있을 수 있겠습니까? 그가 나는 새나 달리는 짐승이 아니라면 결단코 궁궐 담장을 뛰어넘게 될 리가 없으니, 청컨대 즉각 대궐 안을 두루 수색하게 하소 서." 하니, 임금이 그것을 옳게 여겼다.

이때에 홍국영이 금위 대장을 띠고 있었고 사세가 또한 다급하므로, 신전(信箭) 을 쏘도록 하여 연화문(延和門)에서 숙위(宿衛)하는 군사를 거느리고서, 삼영(三 營)의 천경군(踐更軍)으로는 담장 안팎을 수비하게 하고 무예별감(武藝別監)을 합문(閤門)의 파수(把守)로 세우고 금중(禁中)을 두루 수색하였으나, 시간이 밤 이라 어둡고 풀이 무성하여 사방으로 수색해 보았지만 마침내 있지 않았다.

# 장용영의 탄생

　　정조는 세손 시절부터 끊임없이 이어진 위협 속에서 왕위에 오른 뒤에도 잠을 이루지 못하였습니다. 정조가 말한 임금의 자리는 '바늘방석에 앉은 것처럼 두렵고, 달걀을 포개놓은 것처럼 위태로운 자리'였습니다. 정조를 왕으로 여기지 않고 저항하던 노론 세력 한복판에서 정조는 스스로 국왕의 자리를 지켜내야만 했습니다.

　　1777년(정유년) 자신의 호위군관이 역모에 가담한 사실에 충격을 받은 정조는 국왕의 호위부대를 대대적으로 개편해 '숙위소'라는 호위부대를 새롭게 창설했습니다. 다시 정조 9년(1785) 7월에는 훈련도감의 최정예 무사들을 선발하여 경호부대 장용위(壯勇衛)를 창설하고 궁궐의 호위를 강화하였습니다. 처음 30명으로 이루어진 부대의 규모를 2년 뒤엔 약 200명으로 확대하고 장용청(壯勇廳)으로 바꾸고, 다시 장용청을 확대 개편해 국왕의 친위부대 단독 군영인 장용영(壯勇營)을 조직하였습니다.

1790년 편찬한
《무예도보통지》
(국립중앙도서관)

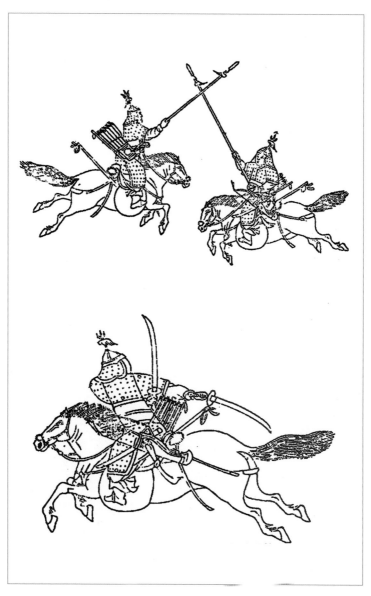

《무예도보통지》 중 기예 관련 도설. 위쪽 기창교전, 아래쪽 마상쌍검

'태령(泰寧)'은 '형통하고 평안하다'라는 뜻으로, 태령

전은 어진을 모시는 공간이므로 임금의 평안을 기원하

는 의미를 담았다.

# 10

태령전,
어진을 모시다

태령전 마당에서 본 제광문 담장

# 태령전

태령전(泰寧殿)은 자정전의 서쪽에 있으며, 임금의 어진을 받들어 안치하던 건물입니다. 《국조보감》에는 "경희궁 태령전은 자정전의 서쪽에 있고, 남쪽에는 태령문이 있다. 영조 9년(1733) 계축에 오래된 임금 조상을 장보각(藏譜閣)에 봉안하고 새로이 베낀 두 개의 초상을 경희궁의 태령전에 봉안하였다."고 기록하고 있습니다.

'태령(泰寧)'은 '형통하고 평안하다'라는 뜻입니다. 이 건물이 어진을 모시는 공간이므로 임금의 평안을 기원하는 의미를 담았습니다. 본래 태령전의 용도는 명확하지 않으나, 뒤에 암천과 좋은 경치가 있어서

어진을 모신 태령전

한석봉의 글씨로 알려진 태령전 현판

어진을 봉안하던 집을 상서롭게 꾸며주고 있습니다.

태령문(泰寧門)은 태령전의 남쪽 문으로 사당의 문과 같은 형태를 하고 있지만, 현재 태령문으로는 드나들지 않습니다. 발굴 조사 당시 태령전 유구가 나오지는 않았지만, 〈서궐도안〉의 자정전과 숭정전의 위치를 추정하여 복원했습니다.

● 영조 47년(1771) 4월 6일 1번째 기사
임금이 태령전에 나가서 시임·원임 대신을 불러다 합문(閤門)을 열도록 명하여 어진을 우러러보았으며, 이내 숙종의 어제(御製)를 보이고 여러 신하들에게 명하여 서암(瑞巖) 및 영렬천(靈冽泉)을 가서 보도록 하였다.

태령전은 영조 당시 중수되어 영조 승하 후 혼전으로 사용했으며, 현재 영조의 어진이 모셔져 있습니다.

태령문과 제광문

〈서궐도안〉의 태령전, 태령문, 제광문

그리고 태령전 서쪽에 있던 위선당(爲善堂) 역시 선왕이 신주를 임시로 모시거나 어진을 봉안했던 집인데, 경복궁 중건 때 헐려 나갔습니다. 지금은 위선당으로 들어가는 제광문(霽光門)과 담장만 태령문 마당 서편으로 복원되어 담장 너머 보이는 숲이 경희궁의 계절을 알려줍니다.

# 영조 어진

영조 어진은 현재 두 점이 남아 있는데, 연잉군 시절의 초상화와 51세 어진이 왕의 모습을 확실히 알 수 있는 매우 드문 경우입니다. 대체로 왕의 어진은 승하 후 선원전에 모시는데, 영조는 그가 살아 있을 때 사친 숙빈 최씨를 모신 육상궁 냉천정에 자신의 반신상 어진 (영조 20년인 1744년 제작)을 걸어두어 늘 어머니를 뵙는 아들의 도리를 표했습니다. 현재 태령전의 모사본은 영조 51세 때의 모습입니다.

1900년(광무 4) 역대 제왕의 어진을 모셔 놓은 경운궁의 선원전에 불이 나서 어진이 모두 타버렸습니다. 이후 일곱 왕의 어진을 복원할 때 영조 어진은 냉천정에 걸었던 어진을 모사하여 제작했습니다. 1744년(영조 20) 장경주, 김두량이 그린 영조 어진을 본떠 모사할 때 주관 화상 채용신, 조석진이 그리고 표제는 고종 황제가 직접 썼습니다. 원본을 충실하게 묘사하여 그린 것으로 현존하는 왕의 어진 가운데 국왕의 생전 모습을 보여주는 매우 귀중한 작품입니다.

21세 연잉군 초상
(국립고궁박물관 소장)

영조 51세 어진 (국립고궁박물관 소장)

태령전 바깥 풍경

# 영조의 경희궁

영조는 1694년(숙종 20) 후궁 숙빈 최씨가 낳았습니다. 영조는 병약한 경종의 왕세제로 있다가 경종이 재위 4년 만에 승하하자 1724년 10월 16일 창덕궁 인정문에서 즉위했습니다. 영조는 조선의 왕 중 제일 오래 장수하였고, 재위 기간도 52년으로 제일 긴 왕입니다. 영조는 즉위한 후 창덕궁, 창경궁, 경희궁을 골고루 오가며 생활했는데, 그중 법궁인 창덕궁에서 26년을 머물고 이궁(離宮) 경희궁에 머

태령문 바깥

문 기간은 19년 4개월이나 됩니다. 영조는 역대 조선의 국왕 중 경희궁에 가장 오래 임어한 왕으로 재위 6년에서 12년까지 5년 6개월에 걸쳐 창경궁에 임어한 것을 제외하면, 재위 후반기를 거의 경희궁에서 지낸 왕입니다. 부왕 숙종 재위 후반기 경희궁 임어(臨御)의 기조를 영조도 답습하고 있습니다.

영조 24년(1748)을 기점으로 왕의 궁궐 임어의 형태가 바뀌는 것을 《승정원일기》 기록을 통해 확인할 수 있습니다. 이 해 7월 영조는 창덕궁으로 이어하였고, 이후 12년에 걸쳐 창덕궁에 상주하였습니다. 전에 창덕궁에서 지내는 기간이 5년을 넘지 않았던 상황을 염두에 두면 12년 동안의 상주는 예외적입니다. 이 상황은 당시 진행된 사도세자의 대리청정과 관련된 것으로 보입니다. 영조는 경희궁에서 창덕궁으로 이어한 이듬해인 1749년 재위 25년 새해를 맞이하면서 사도세자의 대리를 단행하고 경연 등을 폐지하고 서무를 세자에게 맡겼습니다. 이 기간 동안 영조는 창덕궁에 거주하면서 세자의 대리 업무를 감독하였습니다.

영조 36년(1760) 이전까지 영조의 경희궁 임어는 모두 1년을 넘지 않았는데, 이 해부터 재위 말년까지 영조는 대부분의 시간을 경희궁에서 보냈습니다. 창덕궁에 머문 것은 영조 40년 8월 초부터 12월 말까지 약 4개월 정도 지낸 것이 전부입니다. 경희궁이 국왕이 상주하는 궁궐로 자리를 잡게 되고, 경덕궁에서 경희궁으로 궁명을 바꾼 것도 바로 이때 이루어졌습니다.

## ● 국왕의 궁궐 임어

| 국왕 | 재위 기간 | | 창덕궁 | 창경궁 | 경덕궁(경희궁) | 기타 |
|---|---|---|---|---|---|---|
| 인조 | 1623~1649 | 26년 | 1년 2개월 | 14년 1개월 | 7년 9개월 | 1년 6개월 |
| 효종 | 1649~1659 | 10년 | 8년 10개월 | 1개월 | 1년 2개월 | |
| 현종 | 1659~1674 | 15년 | 11년 7개월 | 2개월 | 3년 5개월 | 5개월 |
| 숙종 | 1674~1720 | 46년 | 28년 10개월 | 5년 9개월 | 10년 3개월 | 2개월 |
| 경종 | 1720~1724 | 4년 | 1년 4개월 | 2년 1개월 | 3개월 | |
| 영조 | 1724~1776 | 52년 | 27년 9개월 | 5년 7개월 | 18년 11개월 | 7개월 |
| 정조 | 1776~1800 | 24년 | 23년 4개월 | 2개월 | 1년 3개월 | |
| 순조 | 1800~1834 | 34년 | 29년 4개월 | 12개월 | 4년 5개월 | |
| 헌종 | 1834~1849 | 15년 | 13년 7개월 | - | 11개월 | |
| 철종 | 1849~1863 | 14년 | 13년 7개월 | - | 6개월 | |

《승정원일기》의 상재(上在)를 일별로 분류하여 국왕이 궁궐에 임어한 기간을 합산하여 정리함
* 인조는 즉위 초 왕의 위치가 기록에서 누락된 부분과 정묘호란으로 강화행궁에 있던 시기 및 병자호란으로 남한산성으로 피신한 기간이 별도 분류됨
그 외의 국왕들은 행궁에 거둥하거나 능행이나 종묘제례로 재실에 있는 경우 기타로 분류됨

## ● 왕실의 경희궁 관련 사항

| 국왕 | 탄생 장소 | 즉위 장소 | 승하 장소 |
|---|---|---|---|
| 숙종 | 경덕궁 회상전 | 창덕궁 인정문 | 경덕궁 융복전 |
| 경종 | 창경궁 취선당 | 경덕궁 숭정문 | 창경궁 환취정 |
| 영조 | 창덕궁 보경당 | 창덕궁 인정문 | 경희궁 집경당 |
| 정조 | 창경궁 경춘전 | 경희궁 숭정문 | 창경궁 영춘헌 |
| 순조 | 창경궁 집복헌 | 창덕궁 인정문 | 경희궁 회상전 |
| 헌종 | 창경궁 경춘전 | 경희궁 숭정문 | 창덕궁 중희당 |

- 계운궁 연주부부인 구씨가 인조 4년 경덕궁 회상전에서 졸서
  (인조 10년 정원군을 원종으로 추존하면서 인헌왕후로 추숭)
- 효종비 인신욍후 장씨기 현종 15년 견덕궁 회상전에서 승하
- 숙종비 인경왕후 김씨가 숙종 6년 경덕궁 회상전에서 승하
- 경종비 선의왕후 어씨가 영조 6년 경희궁 어조당에서 승하

# 아들을 미워한 영조

　　영조는 학문을 좋아하고 매사에 부지런하고 영명(英明)한 군주였으나 감정의 기복이 심하고 사람을 대할 때 심한 편견을 가졌습니다. 이러한 편견과 집착은 영조가 자신의 출생에 대한 열등감과 그가 왕이 되는 과정에서의 굴곡, 그리고 왕이 된 후에도 그 승계의 정통성으로 겪어야 했던 혹독한 심리적 고통이 요인이 되었을 것입니다. 영조는 스스로 엄격한 잣대를 자신에게 맞추고 살았으며, 자기 자식에게도 같은 기대치를 들이대고 요구했던 것입니다. 그러나 그의 아들은 불행하게도 아버지를 닮지 않았고, 그의 편협한 결벽증은 아들을 미워했습니다.

● 영조 37년(1761) 12월 22일 3번째 기사
왕세자와 세자빈이 같이 경희궁에 나아가 삼간택례(三諫擇禮)를 행하고, 저녁이 된 뒤, 왕세자는 먼저 창덕궁으로 돌아가고 왕세자빈은 창덕궁으로 따라 나갔으며, 세손빈은 어의동 본궁으로 나아갔는데, 분관(分官)을 내보내어 어의궁(於義宮)을 숙직하라고 명하였다.

　　사도세자와 세자빈 홍씨가 경희궁에서 며느리를 보는 경사스러운 날이었습니다. 세손 정조의 세손빈(효의왕후)을 간택하는 마지막 절차였는데, 부왕 영조의 눈 밖에 난 사도세자가 있을 곳을 찾지 못하고 먼저 창덕궁으로 돌아갔으니 세자빈도 따라갈 수밖에 없는 딱한 상황을 그리고 있습니다.

## ● 영조 38년(1762) 국왕의 궁궐 임어표

| 창덕궁 | 창경궁 | 경덕궁 | 기타 |
|---|---|---|---|
| | | 1월 1일~3월 5일 | |
| | | | 3월 6일 대보단재실 |
| | | 3월 7일~3월 20일 | |
| | | | 3월 21일 문묘막차 |
| | | 3월 22일~4월 4일 | |
| | | | 4월 5일 경흥궁 |
| | | 4월 6일~4월 8일 | |
| | | | 4월 9일 태묘재실 |
| | | 4월 10일~윤5월 12일 | |
| | *윤5월 13일~윤5월 8일 | | |
| | | 윤5월 19일~6월 9일 | |
| | | | 6월 10일 우사단재소 |
| | | 6월 11일 | |
| | | | 6월 12일 사직재소 |
| | | 6월 13일 | |
| | | | 6월 14일 태묘재실 |
| | | 6월 15일~8월 7일 | |
| 8월 8일~8월 4일 | | | |
| | | | 8월 15일 소령원 |
| | | 8월 16일~9월 1일 | |
| | | | 9월 2일 대보단재실 |
| | | 9월 3일~11월 3일 | |
| 11월 4일 | | | |
| | | | 11월 5일 육상궁 |
| | | 11월 6일~12월 30일 | |

* 음력 윤 5월 13일~윤 5월 8일 : 사도세자의 죽음(임오화변)

# 임오화변 비극의 시작

영조 33년(1757) 2월 15일 정성왕후가 창덕궁 대조전의 관리합(觀理閤)에서 승하하고, 3월 26일에는 대왕대비인 인원왕후(숙종 계비)가 창덕궁 영모당(永慕堂)에서 승하했습니다. 의지했던 두 분을 잃고 부왕의 싸늘한 냉대와 미움 속에서 세자는 점점 병들고 고립되어 갔습니다.

사도세자의 아들 세손 정조가 영조 38년(1762) 2월 김시묵(金時默)의 딸과 가례를 올렸습니다. 정조의 나이 10세로 사도세자가 죽던 해입니다. 세자의 병증은 점점 깊어졌고, 결국 왕은 세자를 폐하기로 결심하였습니다. 윤5월 13일(사도세자 28세), 경희궁에 머물고 있던 영조가 휘령전(徽寧殿: 창경궁 문정전. 정성왕후의 신위를 봉안한 혼전 이름)에 거둥하여 세자를 폐하고 자결할 것을 명했습니다. 영조는 세자를 폐하여 서인으로 삼고 뒤주에 가두었습니다.

● 영조 38년(1762) 윤5월 13일 2번째 기사
… 임금이 세자에게 명하여 땅에 엎드려 관(冠)을 벗게 하고, 맨발로 머리를 땅에 조아리게[扣頭] 하고 이어서 차마 들을 수 없는 전교를 내려 자결할 것을 재촉하니, 세자가 조아린 이마에서 피가 나왔다. 신만과 좌의정 홍봉한, 판부사 정휘량(鄭翬良), 도승지 이이장(李彝章), 승지 한광조(韓光肇) 등이 들어왔으나 미처 진언(陳言)하지 못하였다. … 세손이 들어와 관(冠)과 포(袍)를 벗고 세자의 뒤에 엎드리니, 임금이 안아다가 시강원으로 보내고 김성응(金聖應) 부자에게 수위(守衛)하여 다시는 들어오지 못하게 하라고 명하였다.

임오화변의 비극이 서린 창경궁 문정전

… 임금의 전교는 더욱 엄해지고 영빈이 고한 바를 대략 진술하였는데, 영빈은
바로 세자의 탄생모(誕生母) 이씨로서 임금에게 밀고한 자였다. 도승지 이이장이
말하기를, "전하께서 깊은 궁궐에 있는 한 여자의 말로 인해서 국본(國本)을 흔
들려 하십니까?" 하니, 임금이 진노하여 빨리 방형(邦刑)을 바루라고 명하였다
가 곧 그 명을 중지하였다. 드디어 세자를 깊이 가두라고 명하였는데, 세손이 황
급히 들어왔다. 임금이 빈궁·세손 및 여러 왕손을 좌의정 홍봉한의 집으로 보
내라고 명하였는데, 이때에 밤이 이미 반이 지났었다.

# 사도세자의 사친 영빈 이씨

　　사도세자의 정신병은 더욱 심해져 의대증 발작이 일어난 날은 자신이 아끼던 후궁 수칙 박씨(은전군의 생모)를 살해하고, 급기야 영조(국왕)의 시해까지 차마 입에 담을 수 없는 말을 운운하기 시작했습니다. 그 와중에도 세자는 아버지가 무서웠는지 누구라고 지목하지 않은 채 반드시 없애버리겠다는 등, 그 대상이 영조라는 것을 다들 알 정도로 떠들고 다니자 결국 사도세자의 생모 영빈은 세손 정조를 보호하기 위해 울면서 아들의 비행을 영조에게 낱낱이 고했습니다.

　　영빈은 왕 앞에서 세자의 잘못이 더욱 심해지고 있었지만, 모자의 은정 때문에 세자의 비행을 차마 아뢰지 못하였다고 했습니다.

● "…지난번 제가 창덕궁에 갔을 때 몇 번이나 저를 죽이려고 했는데 제 몸의 화는 면했습니다만 제 몸이야 돌아보지 않더라도 임금의 몸을 생각하면 어찌 감히 이 사실을 아뢰지 않겠습니까."

● 영조 38년(1762) 윤5월 13일 2번째 기사
임금이 매번 엄한 하교로 책망하니 세자의 병이 심해지고 더구나 임금이 경희궁으로 이어하자 두 궁(宮) 사이에 점점 의심하는 마음이 생기게 되었고, 세자가 절도 없이 놀면서 하루 세 차례의 문안 인사를 모두 폐하였으니, 임금의 뜻에 맞지 않았으나 이미 다른 후사(後嗣)가 없었으므로 임금이 매번 나라를 위해 근심하였다.

1752년(영조 38) 임금은 아들을 뒤주에 가두어 죽였습니다. 그리고 1764년(영조 40) 7월 26일 아들의 비행을 왕께 고했던 영빈 이씨가 죽었습니다. 영조는 매우 슬프게 울었고, 후궁 일등의 예로 장사를 치르라고 명하였습니다. 아들의 죽음 이후 영빈은 "자식에게 못할 짓을 하였으니 내 자취(무덤)에는 풀도 나지 않을 것"이라며 가슴앓이를 하며 비통해 했고, 그 죄책감으로 손자인 정조를 지극 정성으로 대했습니다. 직접 아침저녁 반찬을 살펴 어린 세손이 할머니의 정성에 억지로 밥을 먹게 하였습니다. 정조 자신은 할머니의 고발로 인해 아버지가 죽게 된 현장을 목격하였으니 그에 대한 서운함이 있을지라도 할머니의 진심을 아주 모르지 않았을 듯합니다.

임오화변 직후 영빈 이씨는 오로지 손자 정조만을 바라보며 하루하루를 연명하였으나, 영조 40년(1764) 세손(정조)으로 하여 효장세자의 승통(承統)을 계승하게 하겠다는 영조의 처분이 내려지자 큰 충격으로 식음을 전폐하였습니다. 이후 사도세자의 3년상이 끝난 바로 다음 날인 영조 40년 음력 7월 26일, 그녀는 불행하게 먼저 간 아들을 뒤따르듯 경희궁 양덕당에서 한 많은 생을 마감하였습니다. 영빈 이씨의 나이 68세였습니다. 영조는 영빈의 죽음을 몹시 슬퍼하며 '의열(義烈)'이라는 시호를 내리고 손수 묘지명을 지어주었는데, 국왕이 후궁의 지문을 지은 것은 전례가 없는 일이었습니다.

● 아아! 이제 다시 볼 수 없게 되었구나.
39년간 해로하였는데, 지금 하나의 꿈이 되고 말았으니 내 슬픔이 너무나 깊다. 다섯 달만 더 살았더라면 칠순이 되었을 것을, 참으로 헤아리기 어려운 것이 사람의 일이다.

현재 서오릉 경내에 조성된 영빈 이씨의 수경원

　영빈의 장례 때 세손인 정조는 법통상 효장세자의 양자가 되었으므
로 세손과 혜경궁 홍씨에게 영빈은 국왕의 후궁일 뿐인 관계가 되었습
니다. 그런데 영조는 혜빈(혜경궁 홍씨)과 세손이 영빈의 영전에 조문할
것을 예조에서 청하지 않았다며 이 책임을 물어서 예조판서 이지억을
파직시키고 혜빈과 세손이 조문하도록 특별히 허락했습니다. 발인하
는 날 예조에서 세손과 혜빈에게 곡하게 할 것을 청하니 임금이 허락
하였습니다.

　영빈 이씨의 묘소는 연희궁(衍禧宮) 자리에 의열묘(義烈墓)라는 이름으
로 조성되었으며, 고종 때 사도세자가 황제의 묘호인 '장조(莊祖)'로 재
추존되자 영빈의 묘소도 '묘(墓)'에서 '원(園)'으로 승격되어 수경원(綏慶
園)이라는 원호를 받고 정자각과 비각이 새로 건립되었습니다. 사당은
선희궁(宣禧宮)으로 현재 칠궁에 모셔겼습니다.

# 인원왕후와 영조

숙종의 마지막 계비(繼妃) 인원왕후는 숙종 27년(1701) 인현왕후가 죽자 곧바로 간택되어 15세에 왕비에 책봉되었습니다. 하지만 인원왕후에게는 결혼한 지 18년 후 숙종이 승하했을 때까지 자식이 없었습니다. 이에 왕후는 자신보다 불과 일곱 살 어린 연잉군을 양자로 들여서 훗날 영조가 즉위하는 데 결정적인 역할을 했습니다.

여기서 눈여겨볼 것은 숙종이 인현왕후가 죽은 지 1년도 채 안 된 시점에 새 왕비 인원왕후의 간택을 서둘렀다는 점입니다. 당시 숙종의 의도가 인현왕후와 왕세자(경종)의 생모 희빈 장씨가 죽은 시점에 연잉군을 중심으로 팽창하는 숙빈 최씨와 노론을 견제하기 위해서였을 것으로 보는 해석이 지배적입니다. 그러나 소론 가문 출신의 인원왕후는 훗날 노론계와 결탁한 연잉군의 법적 모후(母后)로서 연잉군의 입지를 돕는 역할을 하였습니다.

인원왕후는 영조 즉위 33년 뒤에 70세로 승하했습니다. 영조는 인원왕후를 자전(慈殿)으로 모시며 마지막까지 효성을 다하는 모습을 보였습니다. 인원왕후는 사도세자에게도 더없는 사랑을 베풀었는데, 부왕 영조로부터 미움 받고 정신적으로 힘들어했던 손자에게 큰 울타리가 되어주었습니다. 만약 세자가 죽던 임오화변 당시 인원왕후와 영조비 정성왕후가 살아 있었더라면 사도세자의 죽음만큼은 마을 수 있었을지도 모릅니다.

# 영렬천

　　태령문 서쪽으로 영렬천(靈洌泉)이라는 우물이 있는데, 현재
태령문을 사용하고 있지 않기 때문에 바깥 산책로를 따라 걸어가야
합니다. 보통은 숭정전 동쪽 문으로 나와 돌계단을 오르게 되는데,
그 바깥 담장을 따라 걷다 보면 행각 지붕들이 서로 잇대어 있는 풍
경을 조감할 수 있습니다. 그 길을 따라 반 바퀴 휘돌아서 내려오는
길목에 태령문이 보이고 맞은편으로 영렬천으로 향하는 작은 돌판이
보입니다.

　　태령전의 서쪽에 위치한 위선당(爲善堂: 옛 이름 영경당靈慶堂) 주변에는
세 개의 우물이 있었는데, 영렬천은 바위틈에서 물이 나와 언제나 마
르지 않고 매우 차가워 사람들이 초정(椒井)이라 불렀다고 합니다. 바위

〈서궐도안〉에 그려진 영렬천, 위선당, 제광문

태령문 서편에 위치한 영렬천

영렬천 탁본(서울역사박물관 소장)

에 '영렬천'이라고 새겨진 글자가 선명히 보입니다.

대령전 뒤쪽으로 경희궁 복원시 태령전과 숭정전의 위치를 찾을 때 영렬천과 서암의 위치를 기준으로 했다고 합니다.

'서암(瑞巖)'은 숙종이 지은 이름이다. 아직도 바위 아래에 암천으로 불리는 샘에서 흐르는 물길이 보인다. 이 바위는 원래 왕암(王巖)으로 불렸는데, 정원군의 집터에 왕기가 서렸다는 술사의 말로 인해 광해군이 이곳에 경덕궁을 지었다. 결과론적으로 인조반정으로 광해군이 폐위되고 인조가 왕위에 오른 후 정원군을 원종으로 추존하였으니, 이름대로 상서로운 바위가 된 셈이다.

# 11

## 서암,
## 왕기가 서린 터

인조별서 유기비는 인조가 왕위에 오르기 전 이곳 정원군(인조의 생부) 별서(별장)에서 1653년 반정을 계획하던 곳으로 왕위에 오른 후 이곳 별서를 기념하고자 1695년(숙종 21)에 기념비와 비각을 세웠다. 서울시 은평구 역촌동 8-12번지에 소재해 있다.

# 서암

자정전에서 태령전으로 넘어가는 중간 언덕에 커다란 바위가 있습니다. 이 바위는 원래 왕암(王巖)으로 불렸는데, 정원군의 집터에 왕기가 서렸다는 술사의 말로 인해 광해군이 이곳에 경덕궁을 지었습니다. 결과론적으로 인조반정으로 광해군이 쫓겨나고 인조가 왕위에 올라 경덕궁을 대궐로 사용하고, 생부 정원군을 원종으로 추존하였으니 상서

상서로운 바위, 서암

숙종 어필 서암
(국립고궁박물관 소장)

로운 바위가 있는 집터가 두 명의 왕을 만든 셈이 되고 말았네요.

숙종 34년(1708)에 왕암으로 불리는 바위 이름을 '상서로운 바위'라
는 뜻의 '서암(瑞巖)'으로 고치고 숙종이 직접 돌에 '瑞巖' 두 글자를 크
게 써서 새겼습니다. 이 바위 아래에 암천으로 불리는 샘이 있었는데,
지금도 아주 조금이기는 하지만 물길이 보입니다. 옛날 숙종께서 서암
을 새겼던 사방석은 원래 위치에서 없어졌는데, 2015년 〈경희궁은 살
아 있다〉 특별전 당시 서암이라 새긴 돌이 전시되어 시선을 끌었습니
다. 지금은 바위 아래 바닥에 깎아 놓은 물길이 옛 자취를 말해주고
있습니다.

이곳은 경희궁의 후원 영역이던 곳으로 바위 뒤쪽으로는 인왕산 자
락에서 이어진 숲이 우거져 있습니다.

# 인조반정의 당위성 '새문동 왕기설'

　　광해군은 새 궁궐로 이어할 준비를 하던 중에 1623년 인조반정(광해군 15년)으로 자신이 지은 경덕궁에 임어해 보지도 못하고 폐위되고 말았습니다. 경운궁(현 덕수궁) 서청에서 즉위한 인조는 반정 시 반란군의 실수로 창덕궁이 소실되어 창경궁에서 국정을 살폈습니다. 그러나 이듬해 이괄의 난으로 창경궁마저 불타버리자 인조는 인목대비를 받들어 모시고 경덕궁으로 이어하였습니다.

　　창덕궁, 창경궁, 경덕궁, 인경궁을 지은 사람은 광해군이고, 그 궁궐을 처음 사용한 사람은 인조입니다. 한 사람은 필사적으로 궁궐을 짓

능양군(인조)는 창의문을 통해 궁궐로 들어와 인조반정을 성공시켰다.

다가 쫓겨났고, 한 사람은 쫓겨난 왕이 지은 궁궐을 불태우고, 그래도 남아 있는 궁궐로 들어갔습니다. 광해군이 인조를 위해 애써 궁궐을 지은 꼴이 되었습니다.

'경덕궁'이라는 이름은 광해군이 정한 것이었습니다. 《광해군일기》에는 광해군의 폐정을 인조반정의 명분으로 내세우고, 원종의 잠저(潛邸: 국왕의 사저)에 왕기(王氣)가 서렸다는 설을 적극적으로 연계하고 있습니다. 이러한 인식은 광해군 7년 인조의 동생인 능창군(綾昌君) 사사(賜死)를 새문동의 정원군 사저(私邸)와 인빈(仁嬪) 김씨(정원군의 사친)의 묘역에 왕기가 서렸다는 설과 연결하고 있습니다.

왕위에 오른 광해군은 선조의 장자인 친형 임해군(臨海君)과 적자 영창대군(永昌大君)을 반역을 도모했다는 이유로 제거했습니다. 이는 광해군이 즉위한 후에도 끊임없이 승계의 정통성에 시달렸다는 말이 됩니다. 정원군의 아들 능창군 사사 역시 광해군이 왕기를 의식하여 취한 조치로 설명하면, 이는 결국 인조 즉위의 필연성으로 연결시킬 수 있었습니다.

그러나 당시 왕위 계승의 정통성으로 볼 때 선조의 5번째 서자 정원군의 장남인 능양군의 즉위는 정통성에서 아주 거리가 먼 일이었습니다. 이 때문에 이들은 정통 승계가 아닌, 반정으로 획득한 인조의 왕위를 정당화하기 위한 명분으로 '새문동 왕기설'이 필요했다고 봅니다. 즉, 능양군의 즉위가 이미 정원군 때부터 예정된 것임을 내세우기 위한 포석으로 해석할 수 있습니다. 더구나 이러한 왕기설의 실체는 인조반정 당시 유포되어 공공연히 떠돌던 이야기가 아니라, 인조 10년이 되어서야 정원군이 원종으로 추숭된 후 이를 뒷받침하는 의도적인 논리로서 세간에 만들어진 것이었습니다.

# '왕기설'의 허구

✿《광해군일기》는 인조 2년에 편찬을 시작하여 정묘호란의 발발로 잠시 작업이 중단되었다가 10년 만에 완성되었습니다.

《광해군일기》의 내용은 당시 인조반정을 일으켜 정권을 장악한 서인들의 입장을 정당화하기 위하여 지나치게 공정성이 결여된 서술을 많이 하였다는 지적을 받기도 합니다. 어떤 이유에서였는지 정초본을 제작하고 나서도 중초본을 없애지 않고 남겨 놓은 까닭에 학자들이 양쪽을 모두 볼 수 있게 되면서 알려진 내용입니다. 예를 들어 정초본에는 "왕이 눈병이 있어서 눈이 충혈되었다"라고 기록한 것이 중초본에는 "왕이 사람을 많이 죽여대서 광기로 눈이 벌개졌다"고 부정적으로 왜곡하여 기술되었습니다.

즉, 인조 때 작성된 《광해군일기》의 내용이 긍정적이든 부정적이든 광해군에 대한 후대의 재평가에 여지를 남기게 되었던 것입니다. 따라서 《광해군일기》의 정원군 관련 서술은 반정 세력이 인조 왕위 계승의 정통성을 명분화하기 위한 일환으로 유추해 볼 수 있습니다. 곧 인조의 생부 정원군을 추존왕으로 만들면서 그와 관련된 사적에 대해서도

✿ 《광해군일기》 : 두 종류의 《광해군일기》가 전해진다. 중초본(태백산본)은 1624년(인조 2) 2월 29일부터 편찬을 시작하여 1633년(인조 11) 12월에 최종 완성하였고, 정초본(정족산본)은 다음해인 1634년 정월부터 편찬을 시작하여 그해 5월에 최종 완성하였다.

의도적으로 왕기설을 강조하게 된 것입니다. 이러한 경향이 가장 극명하게 나타난 것은 정원군의 졸기(卒記)입니다.

● 《광해군일기》, [중초본] 147권, 광해 11년(1619) 12월 29일 6번째 기사
원종대왕(元宗大王)이 훙하였다. 대왕은 어려서부터 기표(奇表)가 있었고, 천성이 우애가 있어 특별히 선조(宣祖)의 사랑을 받아 전후로 선물을 내려준 것이 왕자에 비할 수 없이 많았다. 왕(광해군)이 왕위에 올라 골육을 해치고는 더욱 대왕을 꺼렸다. 능창대군을 죽이고, 그 집을 빼앗아 궁으로 만들었고, 인빈(仁嬪)의 장지(葬地)가 매우 길하다는 말을 듣고 늘 사람을 시켜 엿보게 해서 죄에 얽어 해하고자 하였다. 이에 대왕은 걱정과 답답한 심정으로 지내느라 술을 많이 마셔 병까지 들었다. (…하략…)

《광해군일기》의 기사 정원군의 졸기는 그를 군이 아니라 원종대왕으로 지칭하고 있는데, 이는 인조 즉위 후 정원대원군을 원종 추숭에 연동하여 고친 것입니다. 그런데 그의 졸기에 언급된 능창군 옥사, 잠저의 강탈과 궁궐 조성, 인빈의 묘역 등은 모두 왕기와 관련된 사적들이며, 능창군 사사 기사에서도 언급하고 있습니다. 이것은 이들 논리들이 하나의 맥락을 가지고 관련 기사에 투영된 것으로 인조 즉위에 따른 왕위 계승의 당위성과 원종 추숭을 정당화하기 위해 《광해군일기》에 의도적으로 삽입된 시나리오임을 잘 보여주고 있습니다. 즉, 경덕궁 영건의 배경이 된 '새문동 왕기설'은 인조의 승계 정통성을 위하여 당시 기록하는 자들이 활용한 픽션임을 추측해 볼 수 있습니다.

● 광해군 9년(1617) 6월 11일 2번째 기사
새 궁궐을 새문동(塞門洞)에다 건립하는 것에 대해 의논하였다. 성지(性智)가 이미 인왕산 아래에다 신궐을 짓게 하고, 술인(術人) 김일룡(金馹龍)이 또 이궁(離

宮)을 새문동에다 건립하기를 청하였는데, 바로 정원군의 옛집이다. 왕이 그곳에 왕기(王氣)가 있음을 듣고 드디어 그 집을 빼앗아 관가로 들였는데, 김일룡이 왕의 뜻에 영합하여 이 의논이 있게 된 것이다. 인왕산의 터는 두 구역이 있는데, 하나는 사직 담장의 동쪽에 있고, 또 하나는 인왕동(仁王洞)에 있는바, 바로 소세양(蘇世讓)의 청심당(淸心堂) 터이다. 성의 담장은 양쪽이 함께하였으나 전우(殿宇)는 서로 달라서 실로 두 개의 대궐이었는데, 새문동에 또 하나의 대궐을 지어서 셋째 대궐이라고 불렀다. 그런데 한꺼번에 공사를 시작하여서 제조와 낭청이 수백 명이나 되었으며, 헐어버린 민가가 수천 채나 되었다. 여러 신하들이 먼저 한 궁궐을 지어 이어(移御)한 뒤에 차례차례 공사를 일으키기를 청하였으나, 왕이 듣지 않았다. (…하략…)

위에서 인왕산 아래에 신궐이란 인경궁을 말하며, 새문동에 짓는 신궁이 경덕궁입니다. 이 기사는 경덕궁 영건이 궁극적으로 '새문동 왕기설'에 따른 것임을 강조하고 있습니다. 이러한 논점은 광해군 당시의 해석이 아닌 후대의 부연 설명으로 《광해군일기》 편찬 시 인조 측의 의도를 담고 있습니다.

광해군은 인경궁을 지을 당시 후원(後苑) 영역에 들어와 있던 민간의 집터가 거의 2백여 채나 되었는데, 이에 대한 보상 문제로 명하기를 신궐의 성 안으로 들어간 집의 숫자를 헤아려서 그 주인들에게 값을 주는 일을 속히 마련하여 서계(書啓: 결과 보고)하라고 하였습니다. 그러자 서로 보상을 받기 위해 신궐 내에 들어간 집을 서로 자기 집이라고 우기는 폐단이 발생하자, 도감에서는 그들의 정소(呈訴: 관청에 고함)에 대해 믿기가 어려운 지경에 이르렀습니다. 그리고 그들이 가지고 온 문서를 조사해 살펴보는 일이 지연되어 제때에 일일이 서계하지 못하자 조사해서 분명한 자만 먼서 문서 보고를 하였습니다. ―《광해군일기》 [중초본] 115권, 광해군 9년(1617년) 5월 12일 1번째 기사)

● 광해군 9년(1617년) 5월 14일 2번째 기사
전교하였다.

"신궐의 담장 안으로 들어간 민가의 주인 중 가자할 자와 6품에 천전(遷轉)할 자와 직책에 제수할 사람 및 추증(追贈)하거나 녹용(錄用)할 자, 허통(許通)시킬 서얼과 면천(免賤)시킬 공사천(公私賤)을 상세히 뽑아낸 다음, 일일이 서계하고 속히 상을 줄 일을 영건도감(營建都監)에 말하라."

실록 기사에서 확인하는 것처럼 궁궐 영건 당시 광해군은 새 궁궐의 부지에 들어가는 민가에 대해 철저하게 보상해줌으로써 종실과 신료들로 하여금 궁궐 영건에 적극 협조하도록 유도하고 있습니다. 실제 종실의 자발적인 헌납과 이에 대한 보상이 이루어지고 있어서 정원군의 집도 매입이나 헌납의 형태로 궁궐 부지로 편입되었다고 보는 것이 합리적입니다.

이러한 사정을 감안할 때 '새문동의 왕기설'로 인해 광해군이 정원군의 집을 빼앗아 경희궁을 지었다는 것은 사실적 측면에서는 무리가 있습니다. 이것은 역으로 새문동에 있던 정원군의 집이 경덕궁에 편입된 것을 근거로 삼아 '새문동 왕기설'을 만들고, 이를 통해 원종의 추승과 그 아들인 인조의 즉위를 정당화하고자 한 것으로 해석할 수 있습니다.

● 광해군 7년(1615) 윤8월 14일 6번째 기사
…왕은 평소 능창군 전의 모습이 범상치 않다는 말을 들어온데다 또 정원군의 새문동(塞門洞) 사제(私第)와 인빈(仁嬪)의 선영에 왕기(王氣)가 있다는 말을 듣고는 마음으로 항상 의심해 왔는데, 상소가 들어가자 크게 놀라 밤중에 옥사를 일으켰다. …

서암 안쪽에 고인 물

　인조 때 이후 경덕궁은 광해군 폭정의 결과물인 동시에 정원군(원종)
의 왕기를 증명하는 곳이라는 이중적 상징성으로 일반에게 알려졌습
니다. 많은 사람들이 과연 경덕궁이 지니는 왕기설로 인해 인조의 반
정이 천기로 이미 예정된 서상이었다고 인식하지만, 그 논리가 후대에
조작되었을 것으로 보이는 근거가 여러 기록에 숨겨져 있음을 발견할
수 있습니다. 경덕궁이 지니는 왕기설의 논리는 숙종 때 이르러 본격
화되고, 영조에 의해 완성되어 후대에 명문화된 것으로 보입니다.

# 꿰맞춘 왕기설

경덕궁의 활용에 대해 숙종은 재위 후반 경덕궁을 본격적인 이궁으로 활용하면서 원종의 사적으로서의 의미에도 주목하게 되었을 것으로 보입니다. 이 과정에서 '새문동 왕기설'의 실체적인 표상으로 부각된 것이 바로 궁궐의 북쪽에 있는 서암(瑞巖)입니다.

서암은 경희궁 덕유당(德遊堂) 북쪽에 있는 바위로서 본래 왕암(王巖)이라 불렸다고 기록되어 있습니다. 그러나 왕암의 내력은 분명하지 않으며, 서암으로 개명되는 과정도 숙종 때 기록에는 보이지 않고, 다만 《영조실록》에서 숙종 때의 개명 경위에 대한 설명을 찾을 수 있습니다.

● 영조 49년(1773) 11월 12일 1번째 기사
임금이 덕유당(德游堂)에 나아가서 친히 향(香)을 전하고 이어서 《대학大學》을 주강하였다. 임금이 입시한 여러 신하에게 명하여 서암(瑞巖)에 가서 살펴보게 하고, 이어 '서암송(瑞巖頌)'을 지어 올리라고 명하고, 임금이 서문(序文)을 지었다. 서암은 덕유당 서북(西北)에 있었는데 이 궁궐은 바로 장릉(章陵: 원종) 의 구저(舊邸: 옛집)였다. 광해가 '왕암(王巖)'이라는 말을 듣고 여기에 궁을 세웠는데 인조 대왕이 반정하였고, 계사년(효종 4년, 1653년) 이후로는 이 궁에 임어(臨御)하였다. 무자년(숙종 34년, 1708) 에 이르러 이름을 '서암'으로 고치고 어필(御筆)로 '서암' 두 글자를 크게 써서 사방석(四方石) 에 새기고, 오른쪽 곁에는 새기기를, '속칭이 왕암인데, 바로 상서로움을 징험한다(俗稱王巖正徵休祥).' 라고 하였는데, 역시 어필이었다.

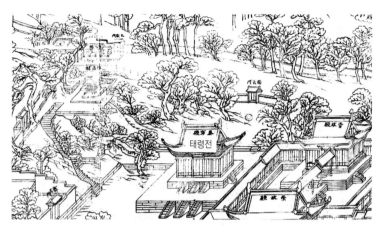

〈서궐도안〉에 보이는 태령전 뒤편의 왕암(서암) 흔적

위에서 광해군이 '왕암(王巖)'이라는 말을 듣고 이곳에 궁을 세웠다고 한 것은 왕암이 '새문동 왕기설'의 실질적인 증거로 간주되고 있음을 보여줍니다. 그리고 숙종 34년에 이 바위를 '서암(瑞巖)'으로 고치고 그 이름을 함께 새겼는데, 그 내용은 왕암이 곧 인조의 즉위를 상징한다는 것입니다.

한편, 《궁궐지》 수록 〈경희궁지〉의 덕유당 항목에는 숙종 어제인 '덕유당암석명(德遊堂巖石銘)'이 수록되어 있는데, 여기서 덕유당 암석이란 곧 서암을 말합니다. 그 내용은

우뚝 솟은 암석은 하늘이 만든 것이라네(屹然巖石 維天作之).
중흥의 대업을 밝히니 억만년을 전해가겠네(業煥中興 垂億萬斯).

'중흥의 대업'이란 인조반정을 말하는 것으로, 경희궁이 원종의 잠

저(潛邸)였다는 사적에서 인조의 반정까지 표상하는 사적으로 확장되는 것을 보여줍니다. 곧 서암은 숙종에 의해 중흥의 사적으로서 경희궁의 의미를 증명하는 사적으로 공인되었던 것입니다.

영조가 경희궁을 인조의 잠저로 간주하는 것은 다음 자료에서 보다 분명하게 드러나고 있습니다.

"이 궁궐은 인조가 등극하기 전에 거처하던 옛 터이다. 광해군 때에 궁궐을 지었는데 완성되자 곧 왕위에 오르셨으니 어찌 우연이겠는가? 덕유당 북쪽에 바위가 있는데 세상 사람들이 '이자휴상(二字休祥)'이라 칭하였다. 그래서 옛날에 '서암'으로 명명하고 어필로 바위에 새겼다. 그 모양이 작으면서도 사방으로 통하는 것을 좋아해서 자주 이 궁궐에 임어하셨다."

위의 글은 영조의 어제인 '장락전기(長樂殿記)'의 일부로 여기서 영조는 경희궁을 아예 인조의 잠저라고 지목하고 있습니다. 또한 광해군이 영건한 것이지만, 궁궐이 완성되자 바로 인조가 즉위했다고 설명함으로써 경희궁 터는 인조를 위해 하늘이 점지한 땅이며, 경희궁의 완성으로 인해 인조의 즉위가 필연에 의한 순리였다는 것으로 규정하고 있습니다.

이러한 인식에서 볼 때 영조가 경덕궁 개호의 명분을 원종의 시호에서 가져온 것은 왕기가 서린 원종과 인조의 잠저 사적이라는 역사성을 확증하고, 나아가 인조 이래 왕계의 정통성을 간직한 사적으로 규정하려는 것이었습니다. 인조반정 이후 조선왕실의 국왕들이 모두 인조의 혈통이었기 때문에 이러한 작업으로 선대의 업적을 찬양하고 존숭할수록 자신의 정통성 또한 빛나는 것이었겠지요.

186

서암에서 흘러나온 물은 물길을 따라 흐른다.

# 정원군, 원종으로 추존되다

　　원종의 정식 시호는 원종공량경덕인헌정목장효대왕(元宗恭良
敬德仁憲靖穆章孝大王)이며, 명나라로부터 시호를 받은 마지막 왕입니다.
아들 인조에 의해 원종으로 추존된 정원군(定遠君, 1580~1619)은 선조의
다섯째 서자이며 인빈 김씨 소생입니다. 선조의 후궁 공빈 김씨가 낳
은 광해군과는 이복형제입니다.

　　정원군은 어려서부터 용모가 출중하였고, 태도가 신중했으며, 효성
과 우애가 남달라서 선조의 총애를 받았다고 그의 묘비에 쓰여 있지
만, 《선조실록》에는 오히려 성품이 포악하고 행동이 방탕하여 당시 사
람들에게 손가락질과 탄핵을 받았다고 기록되었습니다. 과연 서른 무
렵의 모습을 그린 정원군 초상화를 보면 왕실 인물 중 그 외모가 가장
출중하였을 것으로 보입니다. 실록에는 광해군의 친형 임해군과 정원
군의 성격이 매우 고약하고 백성들을 향한 행패가 심했던 것으로 기록
되고 있습니다. 《선조실록》 순화군의 졸기에 포악한 왕자들을 열거하
고 있는데, 여기에 대표적인 인물로 임해군과 정원군이 비교 대상의
원형으로 등장할 정도입니다. 원종에 대한 후덕한 이미지는 인조가 왕
이 된 후 아버지인 정원군의 기록을 미화한 것입니다.

● 선조 40년(1607) 3월 18일 순화군(順和君) 이보의 졸기
"이보(李珪)가 졸하였다. 【보는 왕자다. 성질이 패망(悖妄)하여 술만 마시면서

행패를 부렸으며 남의 재산을 빼앗았다. 비록 임해군이나 정원군의 행패보다는 덜했다 하더라도 무고한 사람을 살해한 것이 해마다 10여 명에 이르렀으므로 도성의 백성들이 몹시 두려워 호환(虎患)을 피하듯이 하였다. 이에 양사(兩司)가 논계하여 관직을 삭탈하고 안치시켰는데, 이 때에 이르러 죽었다. …】"

정원군 이부는 1587년(선조 20) 7세 때 정원군에 봉해졌으며, 구사맹의 딸 연주군부인(후일의 계운궁 인헌왕후 구씨)과 혼인하여 아들 셋을 두었습니다. 정원군은 셋째 아들 능창군을 후사 없이 죽은 신성군(정원군의 형)의 양자로 보냈는데, 능창군은 광해군이 일으킨 옥사(신경희의 옥사)에 연루되어 강화 교동 유배지에서 목매 자결하였습니다. 광해군 재위 기간 중 가뜩이나 움츠리고 살았던 정원군은 억울한 아들의 죽음에 상심하여 홧병이 나고 술을 마시다 결국 1619년(광해군 11년) 한성 회현방(會賢坊)에서 40세의 나이로 사망했습니다.

● 광해군 11년(1619) 12월 29일 6번째 기사, 원종대왕 정원군의 졸기
원종대왕이 훙(薨)하였다. …
정원군이 말하기를 "나는 해가 뜨면 간밤에 무사하게 지낸 것을 알겠고 날이 저물면 오늘이 다행히 지나간 것을 알겠다. 오직 바라는 것은 일찍 집의 창문 아래에서 죽어 지하의 선왕을 따라가는 것일 뿐이다."

인조가 왕위에 오르자 정원군은 정원대원군(定遠大院君)으로 추존되었는데, 인조는 이에 다시 선조―정원대원군―인조로 이어지는 왕통을 세우기 위해 정원대원군을 왕으로 추존하는 과정에서 조선 조정과 대립하게 되었습니다. 김장생 · 정구 등은 인소가 선조의 대통을 계승했다는 논리로 정원군을 왕으로 추존하는 것을 반대했습니다. 그러나 인

조는 정원군이 선조의 승계를 받고 자신이 그 승통을 이은 명분을 세우기 위해 정원군을 왕(원종)으로 만드는 추존 작업을 강행했습니다.

인조는 반정 후 즉위 과정에서 공식적으로는 선조의 계비 소성대비(인목왕후)에게 후계자로 추인 받았습니다. 민생을 파탄내고 패륜을 저지른 폭군 광해군을 폐위시킨 반정이 성리학적인 명분에서 지지를 받았기 때문에 인조의 정통성은 큰 문제가 되진 않았습니다. 그러나 인조는 자신의 생부 정원군을 추숭해서 정통성을 더 강화하려고 오랜 논쟁을 하였는데, 이를 '원종추숭논쟁(元宗追崇論爭)'이라 부릅니다. 인조는 이귀·최명길 외에 거의 모든 신하가 크게 반발하여 전교를 거두어 달라고 했지만, 결국 우격다짐으로 밀어붙이고 추숭 작업

원종 어진 (국립고궁박물관 소장)

을 관철시켰습니다. 1632년 드디어 10년간의 논쟁 끝에 인조는 정원군을 원종(元宗)으로 추존하여 원종대왕(元宗大王)이라는 묘호를 받아냈고, 연주군부인은 인헌왕후(仁獻王后)로 추존되어 함께 종묘 영녕전에 부묘되었습니다.

## ❖ 원종 어진

정원군은 선조 25년(1592) 임진왜란 당시 선조를 호종한 공로로 전란이 종결된 뒤 의주까지 시종 어가(御駕)를 모신 사람을 포상할 때 호성공신(扈聖功臣)에 책록되었다. 정원군 초상은 공신책록 후에 그려졌을 것으로 보인다. 인조는 정원군의 초상을 영희전(永禧殿)에 봉안하였다.

정원군의 초상화는 17세기 초반의 전형적인 공신상 특징을 띠고 있다. 교의자(交椅子)에 사모(紗帽 · 관모)를 쓰고 가슴을 꽉 채운 흉배를 부착한 흑자색 단령(團領 · 깃을 둥글게 만든 관복)을 입은 주인공이 정면이 아닌 약간 측면을 바라보고 앉아있으며 바닥에는 붉은색 바탕에 화려한 문양을 한 채전(彩氈: 카펫 형태)이 깔려 있다.

정원군 초상은 공신 영정으로 추존왕 원종의 모습을 그린 그림이기 때문에 어진으로 부르는 것일 뿐 주인공의 신분이나 그려진 시점에 따른 복식에서부터 어진의 형식을 취하고 있지 않다. 왕자 정원군은 임진왜란이 일어났을 때 부왕 선조를 호종한 공로로 호성공신에 올랐고, 조선시대에 공신 책록 후에는 국가에서 내리는 여러 혜택과 함께 초상화를 그려 하사했다. 그리고 광해군 때 공신 교서들을 보면 정안군이 임해군 옥사 사건을 처리해 익사공신에 책봉된 것을 확인할 수 있다. 이런 사실은 인조반정 뒤 광해군 때 받은 공신 기록에서 누락되고 공신록도 삭훈되어 실록 등에서 드러나지 않는다. 아무튼 현재 남아 있는 정원군의 초상은 공신 칭호를 받았던 당시의 30대 모습을 하고 있으며, 복식의 백택(白澤) 흉배도 주인공의 신분이 왕자라는 것을 뒷받침한다.

초상화를 소장하고 있는 국립고궁박물관이 정원군 초상을 연구 조사한 결과 이 영정이 광해군 때 만들어졌으며, 후일 인조 때 이모(移模: 서화를 본떠서 그림) 되었을 것으로 분석했다. 영조 때《승정원일기》에도 "국조 이래로 태조와 세조 어진이 있고 원종은 잠저 시절에 공신이었기 때문에 또한 어진이 있다"고 적혀 있다. 기록상 원종 어진은 1872년(고종 9) 이모되고, 또 1935년 마지막 어진화사 김은호가 모사했다. 어진에 김은호의 인물초상화 특징이 잘 나타나 있다.

## ❖ 김포 장릉

경기도 김포시에 있는 장릉(章陵)은 선조의 5번째 아들이자 인조의 아버지로, 왕으로 추존된 원종(元宗, 1580~1619)과 부인 인헌왕후 구씨(仁獻王后, 1578~1626)의 무덤이다. 1970년 5월 26일 사적으로 지정되었다. 최근 장릉 검단신도시 아파트 불법건축 논란으로 회자된 곳이다.

원종의 무덤은 원래 양주군에 있었는데, 인조 즉위 후 흥경원(興慶園)이라는 원호(園號)를 받았다. 1627년 인조가 생부 정원군의 무덤을 김포군 성산의 육경원(毓慶園) 언덕으로 천장하여 부인 계운궁 구씨의 묘소와 같이 쌍릉으로 조성하고 흥경원으로 개칭하였다. 그 후 정원군이 원종으로 추존되자 묘소는 장릉으로 격상되었다. 1626년 죽은 인헌왕후의 무덤은 현 위치에서 약간 떨어진 곳에 장사 지냈다가 1627년 원종 옆으로 이장되었다.

왕릉과 왕비릉이 나란히 놓인 쌍릉으로, 병풍석이나 난간석은 설치하지 않고 봉분 아래로 얕은 호석(護石)만 둘렀는데, 이는 추봉된 다른 왕릉의 전례를 따른 것이다.

장릉

# 성리학적 종통의 해석

　　당시 집권 서인들의 주장은 정원군은 왕세자인 적이 없기 때문에 왕으로 추존할 수 없다는 것이었지만, 인조는 정원군도 선조의 아들이었으니 가능하다는 논리로 밀어붙였습니다. 이러한 인조의 주장에 사대부들은 "대통(大統)과 소통(小統)도 구분 못 한다."라고 반발하였습니다. 당시 조선에서는 혈연보다 '종통(宗統)을 누구에게서 이어받았느냐'가 중요한데, 유교 종법상 후임자는 전임자의 아들로서 종통을 물려받는 것이 원칙이므로 광해군이 폐위되었으니 다시 선조에서 인조로 정통성을 승계했다는 논리였습니다. 사대부로 치면 가문을 물려받는 것이고, 왕실은 종묘와 사직을 물려받는 사람을 아들로 치는데, 인조는 혈연상으로는 선조의 손자이지만 종법상으로는 대통을 이은 아들이란 것이었습니다. 어쨌든 인조는 정원군의 추숭을 위해 오랜 시간 버티며 자신의 뜻을 관철시켰습니다. 생전에 세자였던 적도 없고, 후궁 소생의 왕자가 왕에 추증된 사례는 조선의 역사상 원종이 유일한 예입니다. 전대인 선조나 후대의 철종과 고종도 각각 자신의 생부였던 덕흥대원군, 전계대원군과 흥선대원군을 왕으로 추존하지는 않았습니다. 이는 조선의 성리학적 개념으로 볼 때 종통을 이어받은 법적인 아버지가 생부보다 우선하기 때문이었습니다.

　　조선 초기 성종이 아버지 의경세자를 덕종(德宗)으로 추존한 것 역시 자신의 정통성 제고를 위해서이기는 하지만, 일단 덕종은 세조의 왕세자였기 때문에 충분한 정당성이 있는 경우였습니다. 세자책봉을 받은 후 왕세자는 신하들에게 차기 국왕으로 인식되었습니다. 다른 형제는 물론이고 종친 중 윗 항렬이라도 세자와는 군신 관계가 성립하기 때문에 왕위에 오르지 못하고 죽은 세자의 후손이 왕이 되면 그를 추존하는 것입니다.

그나마 정원군의 추숭(追崇)을 주장하는 신료들의 주장 중 명분이 있었던 것은 선조와 인조로 이어지는 대통에서 아버지 대(代)의 항렬이 비게 된다는 점이었습니다. 영조와 정조 사이의 승계에서 사도세자가 죽었으므로 혈연상으로는 한 대(代)가 비는 것으로 생각할 수 있습니다. 그러나 이러한 문제는 영조가 정조를 어려서 자신의 장자 효장세자(사도세자의 이복형)에 입적시키고 정조가 즉위 후 효장세자를 진종으로 추존하면서 해결되었습니다. 정조가 생부 사도세자의 아들이면서도 효장세자의 아들(양자)로 즉위하고 난 뒤 부르짖은 "과인은 사도세자의 아들이다."라는 표현은 지극히 개인적인 말일 뿐입니다. 오히려 고종 때 사도세자를 장조의 황제로 추존하여 같은 항렬에서 2명의 추존 왕이 나오게 된 결과를 만들었습니다. 순조와 헌종 사이에도 조-손 관계로 대통이 이어져 효명세자가 익종으로 추존되었고, 이후 헌종이 요절하고 아저씨뻘인 철종이 대를 거슬러 즉위하는 항렬의 혼동이 왔습니다.

# 인헌왕후 구씨

　　조선의 추존왕 원종의 정실이자 조선 제16대 국왕 인조의 어머니인 인헌왕후 구씨는 처음에 종친 정원군과 혼인하여 연주군부인에 봉해졌다가 1623년 3월 아들 능양군이 반정으로 보위에 오르자 연주부부인으로 봉작되었는데, 별도로 계운궁이라는 궁호를 받았습니다. 이후 아들 인조를 따라 경덕궁에 거주하다가 1626년(인조 4) 1월 14일 회상전(會祥殿)에서 향년 49세로 죽었습니다. 이때 인조는 자신이 상주가 되고자 하였으나 태학생(太學生)들이 반발하여 동생 능원군이 상주가 되었습니다. 종묘사직을 받드는 국왕이자 만백성의 임금이 사친(私親)의 상에 상주(喪主)가 된다는 것은 부당하다는 논리였습니다. 그리고 그들은 주공(周公)의 예를 들어 장사(葬事)에는 죽은 사람의 작위를 쓰게 하였으니 계운궁의 상사에 왕후의 예를 적용하는 것은 부당하다고 주장했습니다.

　　계운궁 구씨는 남편 정원대원군이 원종으로 추존됨에 따라 함께 왕후로 추봉되어 인헌왕후라 하였습니다. 그녀가 죽고 1년 후에 정묘호란이 발발했는데, 당시 후금은 조선과 화친하는 조건으로 형제의 의맹을 맺을 것을 요구했고, 이때 인조가 직접 말의 피를 마시며 예를 행할 것을 강요했습니다. 이에 조선 조정에서는 난색을 표했고, 후금은 인조가 모후의 상중임을 이유로 신히기 피를 마시고 임금이 직접 향을 태우는 것으로 바꿔 형제의 예를 행하게 했습니다.

경희궁의 정침(正寢)은 융복전이다. 융복전의 서쪽에는
회상전이 있는데, 임금이 거처하는 내전이다. 회상전의
동쪽에는 회장각이, 서쪽에는 무일각이 있는데, 모두
다 별실이다. 회상전 아래에는 벽파담이라는 연못이 있
고, 그 연못가에는 한 칸 되는 정자가 있다.

# 12

# 융복전과 회상전,
# 왕과 왕비의 침전

숭정문으로 가는 동편 계단 숲길

경희궁의 내전 영역에는 왕의 정침인 융복전(隆福殿)과 왕비의 정침 회상전(會祥殿)이 있었습니다. 현재 서울역사박물관 경내 콘크리트 방공호 자리쯤으로 추정하고 있습니다. 《서궐영건도감의궤》를 보면 융복전과 회상전은 무량각(無樑閣) 지붕으로 그려져 있습니다. 이렇게 왕과 왕후의 침전 건물 지붕을 무량각 지붕으로 하는 것은 다른 궁궐에도 보입니다. 경복궁의 강녕전과 교태전, 창덕궁의 대조전이나 창경궁의 통명전과 같이 용마루를 두지 않은 무량각 지붕입니다.

　　경희궁과 일생이 연결된 숙종은 1661년(현종 2) 회상전에서 태어났

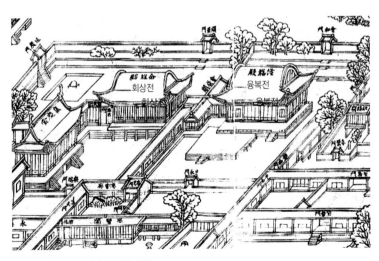

〈서궐도안〉의 융복전과 회상전 영역

고, 1720년 융복전에서 승하했습니다. 〈서궐도안〉을 보면 경희궁의 내전 영역에 해당하는 융복전과 회상전은 복도 행각으로 연결되어 있어서 침전으로 사용할 때 내부에서 이동할 수 있게 되어 있습니다.

● 〈경희궁지〉
융복전(隆福殿)은 회상전(會祥殿)의 동쪽에 있고, 남쪽에 있는 문은 일영문(日永門)이다. 【原】 남쪽에는 집희전(集禧殿)이 있는데, 창덕궁의 집상전(集祥殿)을 지을 때 헐고 옮겼다. 【增】 숙종 46년(1720) 경자(庚子) 6월에 임금이 여기에서 승하했다.

정조가 지은 〈경희궁지〉에 이르기를, "경희궁의 정침(正寢)은 융복전(隆福殿)이다. 융복전의 서쪽에는 회상전(會祥殿)이 있는데, 임금이 거처하는 내전(內殿)이다. 회상전의 동쪽에는 회장각(會藏閣)이, 서쪽에는 무일각(無逸閣)이 있는데, 모두 다 별실이다. 회상전 아래에는 벽파담(碧波潭)이라는 연못이 있고, 그 연못가에는 한 칸 되는 정자가 있다. 또 이 정자의 서쪽에는 집경당(集慶堂)이 있는데, 바로 인원성후(仁元聖后)가 천연두를 앓았을 때 거처한 곳이고, 영조께서 병술년(1766)부터 평상시 거처하신 곳이다"라고 했습니다.

그리고 융복전은 효종 비이며 현종의 어머니인 인선왕후 장씨의 빈전으로 사용했습니다.

● 현종 15년(1674) 2월 27일 1번째 기사
사시 초에 대왕대비의 대렴 의절을 거행하고 융복전에다 빈소를 설치하였다. 재궁의 너비가 모자라서 지난해 능을 옮길 때에 별도로 준비해 놓은 재궁을 사용하였다.

1829년(순조 29) 10월에 회상전에서 일어난 화재로 경희궁 내전 일곽 대부분이 불에 탈 때 융복전도 함께 소실되어 1831년(순조 31) 4월에 재건했고, 이때 처음 지어졌을 때와는 약간 변화가 생겼습니다. 융복전은 1860년대 경복궁 중건을 위한 자재로 사용하기 위해 철거되었습니다.

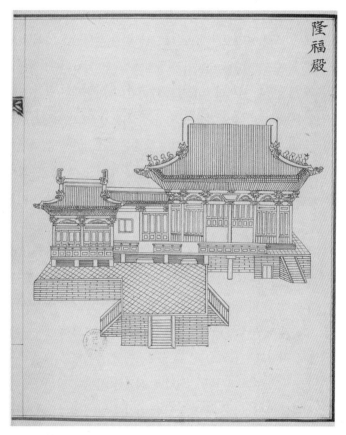

《서궐영건도감의궤》에 그려진 왕의 침전인 융복전

# 이궁으로 사용한 경희궁

18세기 조선 국왕의 주된 시어소(時御所)는 법궁 창덕궁이었고, 창경궁과 경덕궁(경희궁)을 이궁으로 사용하였으므로 처음부터 국왕이 경덕궁에 임어하는 기간이 길었던 것은 아니었습니다. 인조 이후 현종은 재위 15년 동안 4차례(3년 5개월)에 걸쳐 경덕궁에 기거하였고, 이때 현종 2년(1661) 10월 숙종이 회상전에서 태어났습니다. 경덕궁에서 현종과 명성왕후 김씨의 적장자로 태어난 숙종은 재위 말년을 다시 경덕궁에서 보내다가 융복전에서 승하(자정전을 빈전으로 사용)한 왕입니다. 경덕궁에 누구보다 애정이 많았던 숙종은 재위 46년 중 서궐에서 13년을 기거하면서 대대적인 수리 공사를 시행하고 《경덕궁수리소의궤》를 남겼습니다. 이때 융무당·일신헌·춘화정 등이 새로 지어졌습니다.

숙종은 재위 후반기 이전의 왕들에 비해 상당히 오랜 기간(10년) 경덕궁에 임어하고 융복전에서 승하했습니다. 경희궁에 가장 오래 임어했던 영조는 궁궐 이름을 경덕에서 경희궁으로 바꿨습니다. 정조는 할아버지 영조가 재위 말년에 경희궁에서 오래 지냈으므로 세손 시절을 경희궁에서 지냈고, 영조 승하 후 숭정문에서 즉위했습니다. 하지만 1777년(정조 1, 정유년) 괴한이 존현각에 침입한 사건이 발생하자 창덕궁으로 이어한 후에는 경희궁에 장기간 기거한 일이 없었으나, 정조에게는 어린 시절을 보냈던 곳이라 늘 관심을 두고 경희궁 수리에도 정

방공호 위쪽 산책로

성을 쏟았습니다.

　정조의 뒤를 이은 순조도 경희궁에는 오래 머물지 않았고, 1892년 (순조 29) 10월 3일에 회상전을 비롯한 내전 일곽과 편전 일부분이 화 재로 소실되었습니다. 《서궐영건도감의궤》에 의하면, 1831년(순조 31) 4월 27일 경희궁 대부분의 전각들이 복구되었고, 이후 헌종, 철종 때 에는 큰 변화 없이 보수, 수리하여 유지하는 정도였습니다. 이렇게 조 선 후기 국왕들이 경희궁에 임어하는 시간이 늘어나면서 숙종·영 조·순조가 경희궁에서 승하하였고, 경종·징조·헌종이 숭정문에서 즉위하였습니다.

# 숙종의 환국정치

　　인조반정으로 서인과 남인이 조정을 장악했고, 대북은 정계에서 완전히 밀려났습니다. 인조는 서인보다 남인들을 대거 기용하게 되는데, 이때부터 싹튼 당쟁의 기류는 숙종 때 당파 싸움으로 인한 사화의 기폭제가 되었습니다.

　　숙종은 재위 때 여러 차례의 환국을 통해 주도권을 잡고 정국을 운영하였습니다. 숙종은 당쟁으로 격렬했던 당시 조정의 분위기에서 왕의 의도대로 파당의 색을 가려 쓰면서 정국을 주도해 나갔습니다. 숙종의 정치적인 행보 속에 인현왕후(仁顯王后)나 희빈 장씨(장희빈)가 다시 각각의 당색으로 구분되어 당쟁의 격랑과 함께 요동쳤습니다. 인현왕후나 희빈 장씨 모두가 정치적 모사꾼이었던 왕의 변덕과 번득이는 칼날에 희생된 사람들이었습니다. 그러나 국왕으로서 겉으로 내색할 수 없었던 심중에는 한때 사랑했던 희빈 장씨에게 내린 사사가 아무렇지도 않았던 것은 아니었나 봅니다. 숙종 27년(1701) 8월, 갑술환국(숙종 20년, 1694)으로 복위한 인현왕후가 8월에 서거한 데 이어 같은 해 10월 희빈 장씨가 사사(賜死)되었습니다.

　　숙종 27년 10월 10일, 숙종은 이미 장씨가 자진하였음을 통보하며 아들인 세자 윤(昀, 경종) 부부에게 상주로서 거애하고 망곡례(望哭禮)를 행할 것을 명했습니다. 다음날인 10월 11일에는 세자 부부의 상복에 대한 논의가 있었고, "서자(庶子)로서 아버지의 후사가 된 자는 그 어머

숙종이 붕당을 경계하는 시를 새긴 현판 (국립고궁박물관 소장)
숙종은 붕당이 나라를 어지럽히는 재앙이라며 강하게 비판하고, 이를 경계하여 충성을 다하
라는 내용의 시를 승정원에 내렸다. 남인과 서인의 당파 싸움인 경신환국(1680년, 숙종 6),
기사환국(1689년, 숙종 15) 이후에 읊은 시로 붕당 정치의 폐해를 지적한 것이다

니를 위해서 시마복(總麻服: 3개월 복)을 입는다."는 예조의 말에 따라 그
대로 시행하라 명을 했지만, 이후 숙종은 이를 번복하여 장씨를 위해
3년복을 입도록 했습니다. 또한 장씨의 상례부터 장례까지의 모든 절
차는 궁에서 주관하고 치러졌으며, 종친부 1품의 예로 받들어졌습니
다. 이는 생모를 잃은 세자를 위한 배려였을 것입니다. 왕세자 윤의 나
이 14세였습니다. 그리고 숙종은 그해 말 12월 25일 경덕궁으로 이어
하여 승하할 때까지 지냈습니다.

　숙종 28년(1702) 경덕궁에서 41세의 왕은 15세의 인원왕후(仁元王后)
김씨와 가례를 올렸습니다. 이것은 당시 숙종의 경덕궁 이어가 인현왕
후 서거와 장희빈 사사를 거친 뒤 새로운 분위기를 조성하기 위해 이
루어진 조치였음을 보여줍니다.

● 숙종의 궁궐 임어

| 재위년 | 창덕궁 | 창경궁 | 경덕궁 | 기타 |
|---|---|---|---|---|
| 즉위년 | 8월 23일~12월 30일 | | | |
| 원년<br>(1675) | 1월 1일~5월 7일 | | | |
| | | | 5월 8일~11월 13일 | |
| 36년<br>(1710) | 1월 1일~1월 16일 | | | |
| | | | 1월 17일~8월 5일 | |
| | 8월 6일~8월 8일 | | | |
| | | | 8월 9일~12월 30일 | |
| 37년 | 1월 1일~12월 30일 | | | |
| 38년 | | | 1월 1일~4월 12일 | |
| | 4월 13일~10월 11일 | | | |
| | | | 10월 12일~12월 30일 | |
| 39년 | | | 1월 1일~12월 30일 | |
| 40년 | | | 1월 1일~12월 30일 | |
| 41년 | | | 1월 1일~2월 17일 | |
| | 2월 18일 | | | |
| | | | 2월 19일~4월 29일 | |
| | 4월 30일~12월 30일 | | | |
| 42년 | 1월 1일~12월 30일 | | | |
| 43년 | 1월 1일~3월 3일 | | | |
| | | | | 3월 4일~4월 3일<br>온양행궁 |
| | 4월 4일~12월 30일 | | | |
| 44년 | 1월 1일~2월 19일 | | | |
| | | | 2월 20일~12월 30일 | |
| 45년 | | | 1월 1일~12월 30일 | |
| 46년<br>(1720) | | | 1월 1일~6월 8일 | 6월 8일<br>昇退于慶德宮之隆福殿 |

# 숙명공주와 숙종의 고양이 사랑

　　조선 제17대 국왕 효종과 인선왕후 장씨 셋째 딸 숙명공주 (1640~1699)는 고양이를 좋아했습니다. 숙명공주가 고양이를 무척 아끼고 사랑하였다는 이야기는 숙명공주가 황실과 주고받은 한글 편지 모음집인 《숙명신한첩淑明宸翰帖》(국립청주박물관 소장)을 통해서 잘 드러납니다. 공주가 청평위(清平尉) 심익현(沈益顯)과 혼인하여 출가한 이후에도 하도 고양이를 끼고 사니 그 말이 친정아버지인 효종의 귀에까지 들어갔습니다.

**(부왕 효종이 숙명공주에게)**
① 너는 시집에 가 (정성을) 바친다고는 하거니와
어찌 고양이만 품고 있느냐.
행여 감기 걸렸거든 약이나 하여 먹어라.

**(부왕 효종이 숙명공주에게)**
② 너는 어찌하여 이번에 들어오지 않았느냐?
어제 너의 언니는 물론 동생 숙휘까지
패물을 많이 가졌는데 네 몫은 없으니,
너는 그사이만 하여도 안 좋은 일이 많으니
내 마음이 아파서 적는다.
네 몫의 것은 아무런 악을 쓰더라도 부디 다 찾아라.

**(동생 현종이 누님 숙명공주에게)**
③ 밤사이 평안하셨는지요?

오늘은 정이 담긴 편지도 못 얻어 보니
(아쉬운) 마음 그지없습니다.
이 홍귤 일곱 개가 지극히 적고 보잘것없사오나
정으로 모은 것이라 보내오니
적다 마시고 웃으며 잡수십시오.

　　임금은 딸에게 결혼을 하였으면 시댁에 정성을 다
하여야 하는데, 어찌 고양이만 품고 사느냐며 나무랐
고, 욕심 없이 재물을 탐하지 않는 공주의 성품에 대
해서도 안타까워합니다. 그리고 현종은 누님에게 귤
몇 개를 보내면서 남매간의 정을 글로 표현하고 있어
서 애틋하고 정답습니다. 숙명공주는 아들을 둘씩이
나 낳아 집안 며느리로서의 역할은 충실히 하고 60
세까지 살아서 숙종과도 정다운 소식을 주고받았습
니다.

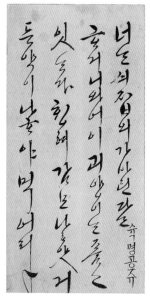

효종이 숙명공주에게 보낸 편지

　　숙명공주의 고양이 사랑은 조카인 숙종에까지 이
어졌습니다. 조선시대 역대 왕들이 지은 시문을 모아
편찬한 《열성어제列聖御製》에는 숙종이 지은 〈죽은 고
양이를 묻어주다埋死猫〉라는 글이 실려 있는데, 이 고
양이가 바로 어미 고양이 금덕(金德)으로 짐작됩니다. 이 글에서 숙종은
귀한 동물이 아니지만 고양이를 예우해 묻어주는 까닭은 주인을 친근
히 여기며 따르는 그 모습을 사랑했기 때문이라고 했습니다. 그리고
한낱 짐승에 불과하면서도 주인을 사랑할 줄 알았던 고양이에 대한 이
같은 예우는 지나친 것이 아니라고 했습니다.

궁궐의 고양이

　김시민(金時敏)의 《동포집東圃集》 2권에 수록된 금손(金孫)이의 죽음을
추모한 금묘가(金猫歌)가 전하고 있습니다. 금묘가가 《동포집》에 수록된
시기가 숙종이 경희궁에 임어하여 융복전에서 승하한 1720년 전후 무
렵이므로 숙종이 고양이를 사랑하여 길렀다는 사실은 당시에도 널리
알려져 있었던 것으로 보입니다.

　● 숙종 때 궁중에 고양이가 살았는데, 숙종이 그 고양이를 매우 아껴 '금묘(金
猫)'라는 이름을 지어주었다. 금묘는 궁중 안에서 임금을 가까이 모시고 밥을
먹을 수 있는 유일한 존재였고, 추운 밤이면 감히 용상(龍床) 곁에서 잠을 잤다.
그러던 어느 날 금묘는 숙종에게 올릴 고기를 훔쳐 먹었다는 죄를 뒤집어쓰고
궁인들에 의해 절로 쫓겨나고 말았다.

이후 숙종이 승하하자 그 사실을 알게 된 금묘는 음식을 먹지 않고 3일 동안 슬프게 울기만 했다. 이 소식을 들은 숙종 비 인원왕후가 그를 가엾게 여겨 궁궐로 다시 돌아오게 했다. 하지만 고양이는 여전히 먹기를 거부하고 애처로이 울며 빈전(殯殿: 왕이나 왕비의 관을 모시던 전각) 주변을 맴돌 뿐이었다.
그렇게 슬피 울기를 수십여 일, 결국 금묘는 빈전 계단에서 피골이 상접한 모습으로 숨진 채 발견되었다. 끝내 주인을 따라간 금묘에게 감동한 인원왕후의 지시에 따라 금묘는 비단옷에 싸여 숙종의 능인 명릉(明陵) 가는 길옆에 묻혔다.

죽은 고양이를 두고 지난날 고양이와 나누었던 정을 되새기는 숙종의 모습은 인현왕후를 모질게 궁궐 밖으로 내쫓고 희빈 장씨에게 자진을 명했던 국왕의 비정함과는 사뭇 다르게 다가옵니다. 고양이에게는 정치적인 입장이지 않아도 되었기 때문일지도 모릅니다. 그리고 숙종의 아들 영조는 그의 아픈 팔을 치료하는 데 고양이 가죽을 써보자는 내의원 관리의 말에, 어릴 적부터 여러 마리의 고양이가 궁궐 담장 사이로 오가는 모습을 본 일이 떠올라 차마 그렇게 못하겠다고 말합니다. 고양이에 대한 마음이 이럴진대 설마 '네가 죽어야 나라가 산다'고 하며 죽였던 병든 아들에게도 연민은 있었겠지요. 국왕의 정치적인 외로움 때문에 이들의 글이나 취향이 더욱 감성적일 수밖에 없고, 또 그런 이유로 후기 조선의 국왕들이 이궁인 서궐(경희궁)에서 더 심리적인 평안을 찾으려 했을지 모른다는 생각이 듭니다.

# 융복전에서 승하한 숙종

경종은 숙종의 후궁 소의(昭儀) 장씨가 낳은 숙종의 맏아들입니다. 숙종이 몹시 기다리던 첫아들인데, 숙종은 당시로 보면 꽤 늦은 나이인 27세가 되어서야 아버지가 되었습니다. 소의 장씨는 왕자를 낳은 공으로 희빈으로 승격합니다. 경종은 태어난 지 100일도 안 되어 원자로 정해지고, 3세 때 왕세자에 책봉되었습니다. 숙종 15년(1689) 경종이 원자(元子)로 정호되자 노론의 영수 송시열(宋時烈)이 인현왕후의 나이가 아직 젊은데 후궁 소생의 왕자를 원자로 정하는 것은 너무 이르다는 논리를 펴다가 숙종의 분노를 사 유배를 가던 중 사약을 받았고, 인현왕후도 폐출되었습니다.

인현왕후가 폐출된 후 숙종은 새로이 계비를 간택하지 않고 원자의 생모인 희빈 장씨를 왕비로 삼을 것을 선포하였습니다. 이는 후궁이 낳은 원자가 왕비 소생의 정통성을 얻게 되는 사건임과 동시에 중인 계급의 궁녀 출신 후궁이 국모의 위에 오르는 조선 역사상 최초의 사건이었습니다. 그리고 숙종 16년(1690) 6월 16일 원자 윤이 왕세자로 책봉되었습니다.

숙종은 조정의 일당 전제화를 방지하고 왕권의 강화를 위해 여러 차례 환국(換局)을 일으키며 국정을 운영했습니다. 갑술환국은 숙종 20년(1694)에 발생한 숙종 때의 3차 환국으로, 기사환국이 발생한 1689년(숙종 15) 이후로 집권해 온 남인이 몰락하고, 기사환국 때 몰락했던 서인(노론·소론)이 재집권한 사건입니다. 인현왕후가 복위되면서 왕비였던 장씨가 다시 후궁으로 강등되고 인현왕후가 왕세자 경종의 법적인 모후가 되었습니다.

그리고 1701년(숙종 27) 인현왕후가 죽었는데, 그 죽음의 원인으로 희빈 장씨가 인현왕후를 저주했다는 숙빈 최씨의 고변이 있었습니다. 숙종은 희빈 장씨에게 자결하라는 명을 내렸고, 아들 경종은 14세였습니다. 아직 어린 세자 경종이 어머니의 죽음을 겪으면서 받았을 충격과 고통은 원래부터 병약했던 그가 이때부터 여러 질환에 시달렸으며 결국 성인이 되어서도 자식을 낳지 못한 것으로 드러났습니다.

인현왕후와 희빈 장씨가 죽고 나서 숙종은 1701년 12월 말 이궁 경덕궁으로 거처를 옮겼습니다. 이렇게 숙종은 그가 휘둘렀던 환국의 상황에서 벗어나고자 경덕궁을 피신처로 삼았고, 제2계비 인원왕후 김씨를 맞아들였습니다. 숙종은 재위 후반기에 줄곧 경덕궁에 살다가 융복전에서 승하했습니다. 노론과 소론의 오랜 정쟁 속에서 연잉군(후에 영조)이 경종의 왕권 승계를 위협하는 인물이 되었으나, 두 형제의 우애는 각별했다고 합니다.

● 숙종 43년(1717) 9월 9일 1번째 기사
"세자가 정사를 대리하는 것은 나라의 대사(大事)이니, 태묘(太廟)에 경건히 고하는 등의 전례(典禮)를 즉시 좋은 날을 가려 거행하도록 하라." 하였다.

# 경종의 즉위

　　숙종 말년 경종의 불안한 대리청정은 2년 10개월 간 유지되었습니다. 그리고 1720년(숙종 46) 임금이 병석에서 회생할 가망이 보이지 않자 이이명은 숙종의 마지막 결정을 회유했습니다. 융복전으로 들어간 이이명은 숙종에게 정신이 조금 있을 때 대신들을 불러 국사를 생각하고 미리 염두에 둔 것이 있으면 하교하라고 했습니다.

　　소론에서 편찬한 《숙종실록 보궐정오》의 기사에서 사관은 "이이명이 급급하게 이런 말로 위태롭게 동요시킨 것은 독대를 한 후 스스로 죄를 면하지 못할 줄 알았기 때문이다"라고 신랄하게 비판했습니다. 이이명이 숙종의 고명(顧命: 임금이 유언으로 나라의 뒷일을 부탁하는 일)으로 세자를 연잉군으로 교체하라는 유언을 바랐다는 뜻입니다. 그러나 숙종은 노론이 바라는 유언을 남기지 않고 승하했습니다. 숙종이 재위 46년 만에 융복전에서 승하하자 6월 13일 세자 경종이 숭정문에서 즉위했습니다. 경종 즉위 후 노론은 1721년(경종 1) 8월 연잉군을 왕세제로 삼는 데 성공했습니다.

● 경종 즉위년(1720) 6월 13일 무신 4번째 기사
임금이 경덕궁(慶德宮)에서 즉위하였다. 정원(政院)·옥당·춘방(春坊)의 관원이 조복을 갖추고 자정문(資政門) 밖 동쪽 뜰에서 열지어 앉아 욕위(縟位)를 설정하였다. 김창집이 말하기를, "사위(嗣位)할 때에 명보(明寶)를 쓰는 것은 대행 대왕(大行人王)의 유교(遺敎)입니다."
하고, 드디어 중궁전(中宮殿) 승전색(承傳色)을 불러 아뢰게 하였다. 예조 판서

이관명(李觀命)이 여차(廬次)에 나아가 최복(衰服)을 벗고 면복(冕服)을 갖추기를 청하였다. 통례(通禮)가 집화문(集和門) 밖에서 나오기를 청하니, 사왕(嗣王)이 평천 구류관(平天九旒冠)을 쓰고 흑면복(黑冕服)을 착용하고, 큰 띠[帶]를 띠고 붉은 신을 신고 청규(靑圭)를 가지고 걸어서 집화문을 나갔다. 사왕이 욕위에 나아가 사배(四拜)한 후에 향안(香案) 앞에 오르니, 김창집이 빈전(殯殿)에 나아가 대보(大寶)를 가져다 바쳤다. 사왕이 대보를 받아 도승지에게 주고 욕위에 나아가 사배례를 행하고는 걸어서 숭정문(崇政門) 동쪽 협문(夾門)을 나갔다. 정문의 중앙에 어좌(御座)를 베풀었는데, 사왕이 어좌의 동쪽에 서서 사양하고 나아가지 않다가, 승지와 대신이 앞으로 나아가 힘써 청하니 비로소 어좌에 올랐다. 3품 이상은 조복(朝服)을 갖추어 입고 3품 이하는 흑단령(黑團領)을 갖추어 입었다. 백관이 머리를 조아리고 산호 천세(山呼千歲)를 부르니 환궁하였다.

단의왕후 심씨는 숙종 22년(1696) 세자빈으로 책봉되었으나, 경종이 즉위하기 2년 전에 병으로 죽었습니다. 1720년 경종이 즉위하자 왕후에 추봉되었습니다.

단의왕후는 열한 살의 나이로 세자빈에 간택되어 경종과 혼례를 올리고 종묘에 가서 조상께 묘현례(廟見禮)를 행했습니다. 숙종 22년(1696) 10월 16일 임금은 중전 민씨와 세자, 빈궁(嬪宮)을 데리고 종묘에 갔는데, 이때 세자 부부와 함께 종묘에서 묘현례를 올린 사람은 경종의 생모 희빈 장씨가 아니라 복위된 인현왕후였습니다. 숙종이 사가(私家)에서처럼 새 며느리를 맞아들이고 조상께 인사를 올리던 묘현례는 이후 왕실에서 계속되었습니다.

# 회상전

회상전(會祥殿)은 광해군 12년(1620) 경희궁 창건 때 원종이 살았던 옛 집터에 지었습니다. '상서로움이 모이는 집'이라는 의미의 회상전은 왕비의 침전입니다. 현종 비 명성왕후가 회상전에서 숙종을 낳았고, 숙종의 원비 인경왕후가 회상전에서 승하했습니다. 회상전은 1829년(순조 29) 10월에 불타 1831년(순조 31) 4월에 재건했고, 이때 융복전처럼 건축 구조에 변화가 생겼습니다. 이후 순조가 회상전에서 머물다 승하했습니다. 행각으로 둘러진 회상전의 동쪽으로는 융복전이, 남서쪽으로는 집경당이 있었습니다.

1920년대 촬영된 회상전의 마지막 모습

대한제국 당시 찍은 사진과 《서궐영건도감의궤》을 보면 지붕은 융복전처럼 팔작지붕에 용마루가 없는 무량각 형태로 되어 있습니다. 경복궁 중건 당시 경희궁 건물들이 거의 헐려 나갈 때도 회상전은 숭정전·흥정당·흥화문 등과 함께 살아남았습니다.

일제강점기 이후 경희궁 터에 경성중학교가 들어서면서 회상전이 교실로 사용되었습니다. 그러다 1928년에 남산 기슭에 있던 일본식

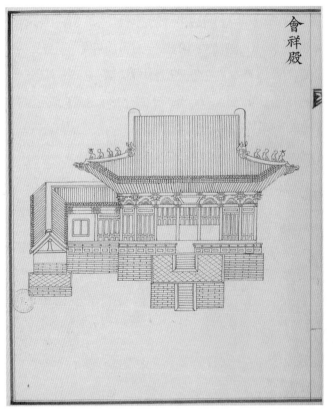

《서궐영건도감의궤》에 그려진 왕비의 침전인 회상전

융복전과 회상전이 있었던 곳으로 알려진 방공호 지역

사찰에 팔려 옮겨가 주지 집무실이 되었다가 1936년 화재로 소실되어 현재는 남아 있지 않습니다. 현재 융복전과 회상전 영역에는 일제강점기에 지은 ✿방공호가 있습니다. 방공호가 있는 자리가 융복전과 회상전 영역으로 확인되었으나, 지하시설물을 구축하는 과정에서 지면이 상당히 깎여 나갔고, 주변 지역은 완전히 파괴되었습니다. 이렇듯 지형의 등고를 전혀 짐작할 수 없게 변형된 상황이 경희궁의 내전 영역을 복원하기에 쉽지 않은 이유입니다.

✿ **방공호** : 현재 서울역사박물관 북쪽 경희궁 터에 있는 콘크리트조 방공호는 왕과 왕비의 침전인 융복전과 회상전이 있던 자리에 구축되었다. 일제가 패망을 앞둔 1944년 초 경성중앙전신국의 피폭에 대비하여 중요 통신 유지를 위해 설치한 지하 전신국 겸 방공호를 설치한 것이다. 당시 방공호를 구축하면서 그 주변 지형이 완전히 훼손되었기 때문에 경희궁의 내전 영역을 복원하기가 쉽지 않을 것으로 보인다.

# 회상전의 지당

〈서궐도안〉에 보면 회상전 서편에 네모반듯한 지당이 보이고, 그 안에 괴석을 그려놓았습니다.《궁궐지》에 보면 정조는 이 지당을 벽파담(碧波潭)이라 부르고 있습니다. 〈서궐도안〉의 회상전 지당은 창경궁 통명전(通明殿)의 지당처럼 화려하지 않고 훨씬 단순한 구성입니다. 왕비의 처소인 침전 마당을 꾸미는 데 다른 전각의 구성보다 섬세하게 마음을 썼다는 것을 알 수 있습니다. 회상전과 융복전 뒤편으로 화계가 있어서 경복궁의 교태전(交泰殿) 뒤편처럼 풍수와 연결된 계절의 변화를 집안에서 내다볼 수 있게 구성한 것으로 보입니다. 만약 지금 회상전이 실존한다면 통명전과 비슷한 조경 구성으로 서로 비교해 보면 좋았을 것입니다.

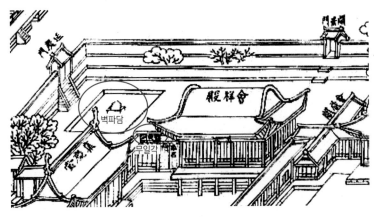

〈서궐도안〉에 그려진 벽파담과 무일각

창경궁 통명전의 지당

경복궁 교태전 화계

# 무일각

다음은 숙종이 지은 〈무일각에서 한가하게 읊다無逸閣閑吟〉에
소개된 싯구들입니다. 무일각(無逸閣)은 회상전의 서쪽, 집경당의 북쪽
에 있는데, 북쪽 정원에 있던 작은 연못의 이름이 벽파담(碧波潭)입니다.

● **연못을 노래함[池塘]**
연못의 얼음 서서히 풀리고 (鳳沼氷初解)
궁궐에는 햇살이 퍼지네. (龍樓日漸舒)
연못가의 풀빛은 짙고 (芊芊庭畔草)
물속의 고기는 마냥 노니네. (潑潑水中魚)
물결따라 스스로 떼를 이루고 (鸂鶒自同隊)
암수는 함께 짝을 이루네. (雄雌與共居)
어제도 오늘도 한가롭게 이 곳을 거니니 (昨今閑對此)
봄의 화창한 기분을 어디에 비할까? (春意復何如)

● **오동나무를 노래함[梧桐]**
궁궐 앞 역산(嶧山)에 나무 있어 (齋前葛嶧樹)
홀로 빛을 향해 자라네. (獨自向陽生)
옛날에는 지팡이 같았지만 (昔見如笻杖)
지금은 기둥같이 자랐네. (今來似屋楹)
봉황도 그대에게 의지하고 (鳳凰依汝宿)
거문고도 그대를 통해 이루어지네. (琴瑟賴玆成)
석양이 오동나무 잎사귀를 비칠 때 (夕照臨桐葉)
궁궐 뜰에는 영롱한 빛이 어리네. (玲瓏暎戶庭)

● 앵두나무를 노래함 [櫻桃]

영화로움은 모든 나무보다 뛰어나고 (含榮先百果)

여름에는 더욱 더 그 빛이 영화롭네. (當夏正酣紅)

마치 불같지만 찬란하지 않고 (似火人無爛)

마치 보석의 구멍 같지만 비어있지 않네. (如珠孔未通)

앵두나무는 모두 색을 같이하여 (盤櫻同一色)

달밤에는 마치 텅 빈 것 같네. (月夜視皆空)

쓴맛 단맛이 알맞게 익어 (試摘酸甜適)

혀와 목에는 맛으로 젖어 있네. (舌喉美味充)


정조의 〈무일각에서 이야기로 밤을 보내면서無逸閣夜話〉에서는


화려한 전각(殿閣)은 꽃물결 속에 있고 (彩閣臨花潋)

새로운 향기 무르익을 때 (新香一半生)

거문고 소리 울리자 (有時瑤瑟語)

풍경소리도 같이 울고 있네. (簷鐸與同鳴)


위의 시들은 숙종과 정조가 무일각에서 내다본 풍경을 읊은 시입니다. 무일각은 경희궁 깊숙한 곳에 있는 내전의 별당에 해당하는 집입니다. 만기(萬機)에 시달리던 조선의 국왕들은 국정 업무의 과로로 인해 지병을 안고 살았습니다. 국왕들이 후원을 즐겨 찾은 이유도 그들의 극심한 업무 스트레스로 인한 피로에서 정신적인 휴식을 취하기 위해서였습니다.

후대의 우리들이 역사를 논하면서 그들의 행보에 대해 비판할 수는 있겠지만, 당시 국왕들이 처했던 상황을 모두 이해할 수는 없습니다. 우리는 조선시대의 국왕이 정치적인 결단을 내릴 때 그 말 한 마디를 얼마나 힘들게 결정하였는지 알지 못합니다. 숙종이 희빈 장씨를 사사하고, 영조가 그의 외아들을 죽이고 몹시 고통스러운 감정을 숨긴 채

경희궁으로 들어왔을 때의 심정을 짐작
해 봅니다. 더구나 아비를 잃고 견뎌야
했던 어린 정조의 심정은 상상할 수조차
없을 만큼 가엾습니다. 그들은 심리적인
도피처가 필요했고, 군왕에게 부여된 정
치 상황에서 잠시 벗어나 휴식할 수 있
는 장소를 찾았을 겁니다. 경희궁은 서
슬 퍼렇게 권위적이지 않은 궁궐입니다.

〈서궐도안〉에 그려진 송단

바로 이 궁궐에서 숙종은 춘화정의 봄을 노래하고, 정조는 송단(松壇)에
올라 솔잎에 이는 바람소리를 노래했습니다.

● **정조, 송단(松壇)을 노래하다**

단(壇)이란 높고 밝은 데 위치한,
군자가 놀고 쉬는 곳을 말한다.
금원(禁苑)에 있는 두 그루의 소나무에
축대를 쌓고 단을 만들었더니
내려다보면 못이 있고, 누대가 있고,
숲이 우거져 있어 좋고,
올라가서 보면 술도 마실 만하고,
시도 읊조릴 만하고,
바람도 쐴 만하고,
거문고 뜯으며 즐길 만하며,
또 활쏘기도 겨룰 만하다. (…중략…)
내가 그 단을 좋아하는 까닭은
그곳이 꼭 구름 그림자가 땅을 덮고 있고,
공중에서 파도소리가 나서만은 아니다.
그 때문에 이 기(記)를 쓴 것이다.

〈서궐도안〉을 바탕으로 그린 정조가 사랑한 송단

영취정(暎翠亭)은 지세가 가장 깊고 그윽하여 고요함에 둘러싸여 있다. 먼 산을 가까이 당겨 놓아 푸른빛이 서로 비취니 정자로 서로 맞닿아 있다. 이런 연유로 푸른 빛을 비춘다는 이름을 짓게 된 것이다.

숙종과 영조는 경희궁에서 가장 높은 지대에 세워진 춘화정을 즐겨 찾았다.

# 13

## 경희궁의 후원

산책로 언덕에서 바라본 경희궁 전경입니다.

# 영취정

〈경희궁지〉에서 영취정(暎翠亭)을 이르기를, "이 정자는 궁궐에 있는 동산의 북쪽에 있다. 지세가 가장 깊고 그윽하여 고요함에 둘러싸여 있다. 먼 산을 가까이 당겨 놓아 푸른빛이 서로 비취니 정자로 서로 맞닿아 있다. 이런 연유로 푸른빛을 비춘다는 이름을 짓게 된 것이다. 옛날 숙종 임금이 정사 중에 틈이 있으면 번번이 여기에 올라 기분을 전환하였으니 바로 때때로 노닐고 보면서 일을 할 때와 쉴 때를 조절한다는 것이다."라고 했습니다.

영취정은 광명전의 북쪽에 위치한 후원 정자로, 경희궁에서 가장 높은 곳에 있어 전망이 뛰어났습니다. 경희궁에 머물던 왕들은 자주 영취정에 올라 시를 읊었는데, 숙종, 정조, 순조가 지은 어제시가 전해지고 있습니다. 숙종은 정사를 보다가 틈틈이 영취정에 올라 휴식을 취하였고, 영조는 이곳이 숙빈 최씨의 사당 육상묘(毓祥廟, 훗날 육상궁)와 가까워 아침저녁으로 올라 어머니를 그리워하였다고 전해집니다.

숙종이 경희궁 영취정에 올라 관악산을 바라보며 읊은 시를 새긴 현판이 전해지는데, 이 현판은 숙종이 지은 '영취정'이라는 제목의 시 중에서 '관악산을 바라보며 읊은 시[望冠嶽]' 한 편을 새긴 것입니다. 또 숙종은 고모 숙명공주가 사는 집을 바라보면서 시를 읊고, 이를 공주에게 부치기도 했습니다.

# 춘화정

　　춘화정(春和亭)은 영취정(暎翠亭) 서편에 있는 작은 정자입니다. 숙종과 영조는 경희궁에서 가장 높은 지대에 세워진 춘화정을 즐겨 찾았습니다. 멀리 관악산을 보거나 꽃을 구경하는 왕의 휴식처였습니다.

　　숙종은 '춘화정에서 반달 연못을 바라보며(在春和亭臨半輪池)'라는 시를 지었습니다.

　　누각 위의 봄바람이 좋아 (閣上春風好)
　　섬돌 가에 반달 같은 연못 있네 (階邊半月池)
　　앉아 물고기 뛰어노는 곳을 보네 (坐觀魚躍處)
　　조용히 려천(戾天) 시를 읊네 (閑詠戾天詩)

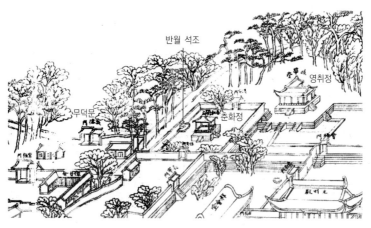

경희궁 북쪽 영역의 무덕문, 반월 석조, 춘화정, 영취정

반월 석조의 잉어 조각

반월 석조의 서수상

숙종이 노래했던 '춘화정 반월 석조'가 〈경희궁은 살아 있다〉 특별전 때 그 실제 모습을 드러냈습니다. 반월 석조는 1704년 숙종 때 경희궁 후원 영역에 건립된 정자 춘화정 앞에 있던 반월형 석조 연지로, 가로 폭 150cm에 이르는 대형 화강암 통돌을 가공하여 만들었습니다. 현재 이 석조 연지는 성곡미술관 내에 있는데, 미술관이 경희궁 춘화정 주변 부지에 들어서면서 함께 딸려간 것으로 생각합니다.

특별전에서 단독 전시되었던 반월 석조는 안팎으로 물과 관련된

반월 석조가 있는 성곡미술관

물고기와 서수가 조각되어 있었습니다. 석조 안쪽에는 두 마리의 잉어가 여의주를 가운데 두고 서로 마주보고 있는 모습을 조각하고, 석조 상단 테두리에는 세 마리의 서수(瑞獸)를 상당한 양감으로 조각했습니다. 서수상 아래에는 구름 형태의 모란문이 조각되어 있어서 상서로운 기운을 표현하고 있습니다. 이 반월 석조가 춘화정이 건립된 1707년경 작품으로 추정할 때 서수의 자세와 표정의 생생한 표현 방법, 문양의 표현 기법을 통해 당시의 조각 기법을 볼 수 있는 귀한 작품입니다.

성곡미술관을 찾아가려면 서울역사박물관 앞 금천교를 지나 왼쪽 방향으로 올라가면 됩니다. 미술관 바로 아래로는 축구회관이 있고, 그 건물 모퉁이를 돌아가면 무덕문(武德門) 표지석도 만날 수 있습니다.

숙종이 노래한 춘화정의 반월 석조와 문양

장락전

장락전(長樂殿)은 경희궁의 대비전(大妃殿)으로, 광명전 동쪽에
위치했습니다. 중국의 한나라 고조가 어머니께서 오랫동안 즐거움을
누리시라는 기원을 담아 '장락궁(長樂宮)'이라 했습니다. 이후 장락은 대
비, 태후나 그들이 기거하는 궁을 가리키는 단어가 되었습니다. 대비
전을 동조(東朝)라고 하여 궁궐의 동쪽에 두는 관례에 따라 경희궁의 장
락전 역시 동북쪽에 있었으며, 경희궁이 갖는 지형 특성상 높은 언덕
에 지어졌습니다. 위치는 지금의 한국관광연구원 바로 위쪽으로 추정
됩니다.

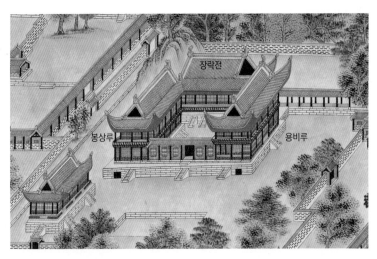

〈서궐도〉에 보이는 봉상루, 장락전, 용비루

《영조실록》 기사에 숙종 28년(1702)에 숙종의 세 번째 왕비 인원왕후가 장락전에서 가례를 올렸다고 언급하고, 영조는 장락전에서 인원왕후를 추모하며 그리워했습니다. 영조가 왕위에 오르는 데에 큰 은혜를 입은 은인이자 양어머니이기 때문입니다.

● 영조 47년(1771) 9월 30일 1번째 기사
임금이 연화문(延和門)에 나아가 태묘(太廟)의 삭제(朔祭)에 쓸 향을 지영(祗迎)하였다. 이어서 연강문(延康門)에 나아가 장락전(長樂殿)을 우러러보고 광명전(光明殿)에 나아갔는데, 대왕 대비전(大王大妃殿)에서 임오년에 이 전(殿)에서 가례(嘉禮)를 행했기 때문이었다. 궁인(宮人)으로 전내(殿內)를 지키는 자에게 쌀을 내려주었다.

장락전은 이후 왕실 혼례의 간택 장소로도 사용했습니다. 1819년(순조 19)에는 효명세자의 세자빈 간택 절차를 장락전에서 치렀습니다. 이때 초간택, 재간택, 삼간택을 거쳐 세자빈이 된 사람이 바로 헌종의 어머니이자 고종의 양어머니인 신정왕후(조대비)입니다. 또 헌종 10년(1844)에 헌종의 계비 효정왕후의 간택도 이곳 장락전에서 행해졌습니다.

경희궁 주요 영역이 1829년(순조 29) 화재로 대부분 불탔지만 곧 재건되었는데, 이때 복구 내역을 기록한 《서궐영건도감의궤》에 장락전이 보이지 않는 것으로 보아 무사했던 듯합니다. 1834년 승하한 순조의 빈전으로 장락전을 사용했습니다. 경복궁을 중건할 때 경희궁의 건물들을 헐어다 자재로 쓰면서 사라졌는데, 다만 1867년(고종 4) 장락전에서 대왕대비 신정왕후의 60세 탄신 기념 의식을 치렀다는 기록으로

교월여촉 현판 (국립고궁박물관 소장)

보아 행사를 끝낸 직후에 철거한 것으로 보입니다.

〈서궐도안〉에는 가운데 1층 건물이 장락전 본채이고, 본채 양 옆에 딸린 2층 누각이 있습니다. 좌측의 2층 누각이 봉상루(鳳翔樓)이고 우측 2층 누각은 용비루(龍飛樓)인데, 봉상루와 용비루 사이에 5칸짜리 행각과 출입문 1칸을 두어 외부에서 장락전을 바로 볼 수 없게 차단하는 구실을 했습니다. 여성의 공간은 외부의 시선으로부터 가려 주로 배려를 한 것입니다.

그리고 장락전 앞마당에는 네모난 연못을 두어 대비전의 공간을 더욱 운치 있게 만들었습니다. 용비루에는 숙종의 어제어필(御製御筆)로 '교월여촉(皎月如燭)'이라는 현판이 걸렸습니다. '교월여촉'이란 '달빛이 촛불처럼 밝다'는 뜻으로, 옛날 밤늦도록 글 읽던 선비들이 문득 창밖을 내다보니 휘영청 밝은 달빛이 만들어낸 나무 그림자에 놀란 시흥을 읊은 듯합니다. 지금도 궁궐의 밝은 달빛을 산책하는 야행(夜行)에는 숙종의 교월여촉이 마음에 들어오는 아름다운 말입니다.

# 경희궁 유구 표석(무덕문 터)

축구회관(서울 종로구 경희궁길 46)은 성곡미술관 옆에 있습니다. 옛 경희궁 터 안쪽 부지로 성곡미술관이 춘화정 자리에 있다면, 축구회관은 발견된 유물들을 볼 때 무덕문(武德門) 자리로 추정되는 곳입니다. 이 건물 앞쪽 네거리의 모퉁이에 경희궁 유구 확인 표석이 서 있는데, 이 지점이 경희궁 터의 외곽 경계선임을 알 수 있습니다. 경희궁의 북문인 무덕문이 있던 자리와 근접한 곳이라고 하는 이 일대가 역대 국왕이 경희궁에서 인경궁이나 사직단을 왕래할 때 행차하던 통

경희궁지 일원 유구 확인 지역 표지석

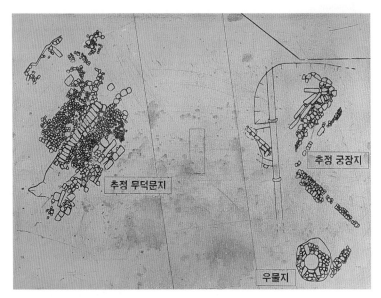

현 축구회관 자리가 경희궁의 북문인 무덕문이 있었음을 추정할 수 있다.

로였을 것으로 보입니다.

또 1632(인조 10) 6월 28일 기사에는 인목대비가 인경궁 흠명전(欽明殿)에서 승하하자 경덕궁으로 빈전(殯殿)을 옮겨 설치한 기사가 보입니다. 이와 관련하여 1769년(영조 45) 11월 19일 왕이 무덕문에 나아가 선전관을 보내 인목왕후가 승하한 인경궁의 옛터를 살펴보게 하고, 친히 '임신년 6월 28일을 추억하며 문안에 비석을 세운다(追憶壬申六月二十八日 立石于門內)'라는 글을 무덕문 안 남쪽 가장자리에 비석을 세우도록 하였습니다.

# 황학정

황학정(黃鶴亭)은 원래 1898년(광무 2)에 활쏘기를 장려하는 고종의 칙령으로 경희궁 회상전 북쪽 담장 가까이 세운 궁술 연습을 위한 사정(射亭)인데, 〈서궐도〉에는 관사대(觀射臺)로 표시되어 있습니다. 1899년 독일 하인리히친 왕의 방한 때 관병식과 더불어 활쏘기 시범을 보여주기 위해 건립했다는 말도 전합니다. 고종 황제 자신도 이곳에서 활을 쏘며 피로를 풀었다고 하는데, 1908년에는 고종 태황제가 이곳에 친림하여 직접 활을 쏜 기록도 있습니다.

경희궁 터에 있었던 황학정은 현재 사직단 뒤편 인왕산으로 옮겨 왔다.

이승만 초대 대통령이 쓴 황학정 편액

1922년 일제가 경성중학교를 짓기 위해 경희궁 내에 남아 있는 건물들이 일반인에게 불하될 때 황학정도 사직단 북쪽의 ✿등과정(登科亭) 옛 터인 현 위치에 이축하였습니다. 현재 경희궁에서 옮겨간 황학정이 있는 자리는 조선시대 등과정이 있던 터입니다. 등과정은 인왕산 아래 서촌에 있던 다섯 곳의 사정 가운데 하나로, 조선시대 말기 도성 안 서쪽에 다섯 군데에 있던 사정을 서촌오사정(西村五射亭)이라 하였습니다. 옥동(玉洞)의 등룡정(登龍亭), 삼청동의 운룡정(雲龍亭), 사직동의 대송정(大松亭), 누상동의 풍소정(風嘯亭), 필운동의 등과정이 있었습니다.

1894년 갑오경장 이후 군대의 무기에서 활이 제외되면서 전국의 사정(射亭)은 거의 폐쇄되었습니다. 그런데 고종은 백성들의 심신단련을 위해 궁술을 장려해야 한다는 어명을 내려 궁궐 안에 황학정을 지었고, 이를 일반인에게 개방하였습니다. 고종은 그곳을 자주 방문하여 직접 활쏘기를 즐겼다고 전해지며, 일제강점기에는 조선총독부가 활쏘기 금지령을 내리기도 했지만, 유일하게 황학정만이 그 명맥을 잇게 되었습니다.

현재의 황학정 편액은 1958년 이승만 대통령이 황학정을 방문하여

✿ **등과정** : 인왕산 아래 서촌에 있던 등과정은 무사들의 궁술 연습장으로 조선시대 다섯 곳의 사정(射亭) 가운데 하나이다. 사정이란 활터에 세운 정자를 말하는데, 등과정은 서울 쪽 지역에 있는 다섯 군데 이름난 사정 가운데 하나였는데, 갑오개혁 이래 궁술(弓術)이 폐지되면서 헐렸다. 고종이 사용하던 활 호미(虎尾)와 화살을 보관하는 전통(箭筒)이 황학정에 보관되어 오다가 1993년 육군사관학교 육군박물관으로 옮겨졌다.

(4241)   ARCHERY.   衝 弓   (昌馬鮮寫)

일제강점기의 황학정

쓴 친필입니다. 황학정에서는 현재까지도 우리나라의 궁술을 계승하기 위한 동호인들과 함께 행사가 지속적으로 열리고 있습니다.

고구려 고분 벽화이 수렵도에 보이는 마상 궁술에서부터 신궁에 가까운 태조와 정조대왕, 그리고 현대 올림픽의 양궁에 이르기까지 한국인은 활 잘 쏘는 DNA를 타고난 민족입니다. 점점 많은 사람들이 한국 전통 궁술의 호쾌함에 마음을 함께하고 전국 여러 곳의 사정을 찾고 있습니다.

## ❖ 한국인의 활쏘기, 사정

사정(射亭)은 활 쏘는 사람들이 무예 수련을 위하여 활터에 세운 정자를 말하며, 사장(射場)이라고도 한다. 한민족은 예로부터 활을 잘 쏘기로 유명하였다. 고구려 시조 주몽, 신라의 화랑, 조선 태조, 그의 후손들 중 태종, 정조는 임금들도 궁술에 뛰어났던 것을 알 수 있다. 육예(六藝)는 《주례周禮》에서 이르는 군자가 익혀야 할 여섯 가지 기예를 가리키는 말로 예(禮), 악(樂), 사(射), 어(御), 서(書), 수(數)이다. 이는 각각 예학(예법), 악학(음악), 궁시(활쏘기), 마술(말타기), 서예(글씨), 산학(수학)에 해당하는데, 이중 사(射)가 바로 활쏘기이다. 옛날부터 무릇 선비라면 활을 제대로 쏠 줄 알아야 했다.

국가가 도성 내 활터를 설립한 시초는 관설사정(官設射亭)이다. 이곳은 1091년(고려 선종 8) 호부남랑(戶部南廊)에 사장이 설치되어 군졸과 일반 백성들이 습사(習射)할 수 있게 하였다. 조선 태조는 서울을 한양으로 옮기고 도성 동편에 교장(敎場)인 훈련원을 설립하였는데, 태종은 이곳에 사청(射廳)을 세우고 무과의 시험 장소로 정하였으며, 동시에 무인과 군졸이 습사할 수 있게 하여 최초의 관설 사장이 되었다. 궁중의 관설 사장으로는 창경궁 후원의 춘당대(春塘臺)를 들 수 있는데, 이곳에서 열무(閱武)와 시사(試射)를 행하거나 또는 왕이 직접 친사(親射)하였다. 효종 때는 창경궁 내 사복(內司僕)에 사정을 특설하여 내승(內乘)과 별군직(別軍職) 등의 관리가 습사하도록 하였고, 1868년(고종 5) 경복궁 내 후원에 경무대(景武臺)를 설치하여 문무과시(文武科試)와 열무를 행하였다.

● 경희궁 원래 구역과 현재 구역의 비교

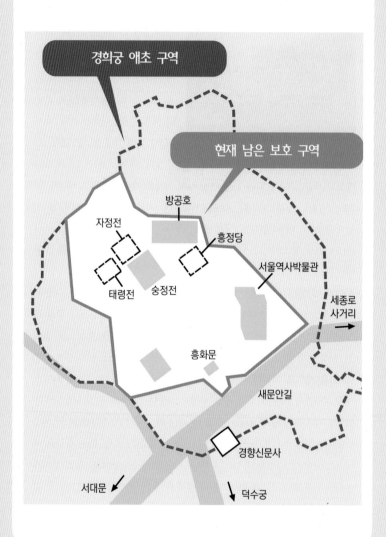

경희궁 애초 구역

현재 남은 보호 구역

방공호

자정전

흥정당

서울역사박물관

태령전    숭정전

세종로
사거리

흥화문

새문안길

경향신문사

서대문        덕수궁

# 14

## 훼손된 경희궁

경희궁 영역에 표시되어 있는 옛 서울중고등학교 터 표지석입니다.

# 경희궁의 훼손

경희궁은 광해군 창건 당시 7만여 평의 부지에 정전과 궐내 각사, 동궁 권역 및 침전과 별당 영역을 비롯해서 모두 98채의 전각이 들어섰습니다. 창덕궁, 창경궁과 함께 조선왕조 후기 3대 궁궐로 불린 경희궁은 이궁으로 지어져 역대 국왕들이 이어하여 오랜 기간 사용된 큰 궁궐이었습니다.

그러나 1865년 고종 때 경복궁 중건을 위한 건축재로 활용하기 위하여 주요 전각 몇 채를 제외하고 대부분의 경희궁 전각이 헐려 나갔습니다. 이로써 경희궁은 고종 때 이미 전체 영역이 뽕나무밭 및 채마밭으로 변해 궁궐로서의 기능을 상실하였으며, 또다시 1910년 이후 일제강점기에 들어서서는 궁역마저도 잘려나가는 등 그 흔적을 찾을 수 없을 만큼 훼손되었습니다.

그리고 광복 이후에는 우리의 손에 의해 자행된 경희궁 훼손은 당시 서울시의 경제 상황이나 무분별한 역사 인식에 의한 것이었습니다. 서울특별시는 경희궁 터를 매입하여 사적으로 지정하였으나 이후 시의회는 경희궁 복원비용에 대한 문제점 등을 제기하여 복원공사는 중지되었습니다. 그나마 발굴한 경희궁 유적의 보존조차 제대로 마무리하지 못하였고, 더구나 경희궁 터에 서울역사박물관을 세우면서 경희궁 복원의 가능성을 점점 어렵게 만들었습니다.

# 조선왕조의 국책사업, 경복궁 중건

     1863년 고종이 즉위한 후 대왕 대비(신정왕후)의 명을 받들어 흥선대원군에 의해 경복궁 중건이 시작되었습니다. 1865년(고종 2) 2월 9일 대왕대비가 하교를 내려 대원군 이하응에게 경복궁 중건의 역사를 맡겼습니다. 임진왜란으로 불탄 경복궁을 재건함으로써 왕실의 권위를 되살리는 국가적 대역사의 시작이었습니다. 그들은 경복궁이 갖는 조선왕조의 상징성을 내세워 왕권의 건재함을 대내외에 과시하고 이를 바탕으로 외세의 침략에 맞서려고 했습니다.

    고종 이전의 역대 왕들에게 경복궁 재건은 마치 자신 앞에 놓인 막중한 과제와도 같은 부담이었습니다. 경복궁 중건에 필요한 재정적 부담과 백성들이 짊어질 과중한 공역으로 인한 원성을 염두에 둔 우려가 있었겠지만 조선왕조의 첫 번째 궁궐 경복궁이 갖는 상징성이 훼손된 채 270여 년이 흐른 데 따른 심리적인 미안함이 없지도 않았을 것입니다. 조선 후기 경복궁은 궁궐 터만 남아 있었지만, 조선 왕조의 법궁으로 인식되었기 때문에 역대 국왕들은 이 터를 없애지 않았습니다.

    폐허로 남게 된 경복궁은 18세기 영조에 의해 다시 주목되었습니다. 그리고 영조는 경복궁 터가 태조에 의한 국가 창업의 사적이었기 때문에 이러한 상징성을 실제적인 사업과 연결시켰습니다. 실제로 영조는 재위 초부터 의도적으로 경복궁 터를 찾아 왕실 행사를 하였는데, 군신 간의 맹약을 다짐하는 회맹제(會盟祭)를 할 때 경복궁의 북문

신무문을 통해 나아가는 등 중흥의 이념을 담은 행사를 여러 차례 벌였습니다. 영조는 경복궁 옛 터에서 문무과 과거를 치르고 왕후와 내명부의 친잠례를 행하게 하였으며, 왕의 칠순이 되는 해인 1763년(고종 39) 계미(癸未) 춘정월(春正月)에는 근정전 옛터에 나아가 신하의 진하(陳賀)를 받았습니다. 영조가 경복궁 중건을 준비했던 흔적을 찾아볼 수 있는 경복궁 복원도가 남아 있습니다.

● 영조 4년(1728) 7월 17일 1번째 기사
임금이 장차 회맹제(會盟祭)를 거행하려고 경복궁에 거둥하여 신무문(神武門) 밖에 있는 재전(齋殿)에서 잤는데, 왕세자(영조의 장남 효장세자)가 따라갔다.

그러나 영조와 정조 재위 기간에는 경복궁을 중건하고자 하는 논의가 본격적으로 이루어지지 못했습니다. 순조 때 이르러 세도정치를 타파하고 왕권을 강화하고자 했던 효명세자(孝明世子)는 경복궁 중건 의지를 박규수에게 피력하고, 왕세자 대리청정 기간에 경복궁 옛터를 참배하는 등 의지를 계속 보였으나 실행에 옮기지 못하고 죽었습니다. 효명세자의 대리청정 기간(3년)이 너무 짧았던 것도 경복궁 중건이 실행되지 못한 원인 중 하나로 볼 수 있습니다.

그리고 1865년(고종 2) 4월 2일 신정왕후는 대신들에게 경복궁 중건 의논을 명하였습니다. 신정왕후는 경복궁 중건의 명분으로 남편 효명세자가 경복궁을 중건하려는 뜻을 가지고 있었고, 헌종도 그러한 뜻을 이어받기는 하였으나 구체적인 시도를 하지 못했다는 사실을 밝히고 있습니다. 익종(孝明世子)과 헌종의 궁궐 영건을 통한 왕권 강화 시도는 당대에는 두 왕의 이른 죽음으로 실행되지 못하였으나, 결국 효명세자의 부인이자 헌종의 모후인 신정왕후의 뜻에 의해 경복궁 중건으로 실현되었습니다.

드디어 1868년(고종 5) 조선 역사상 가장 장대한 규모의 경복궁 중건이 마무리되었고, 그해 7월 2일 고종이 왕실 가족과 함께 창덕궁에서 경복궁으로 이어하면서 경복궁은 조선왕조의 법궁으로서의 위치를 되찾았습니다. 고종이 대왕대비전(大王大妃殿: 익종비 신정왕후), 왕대비전(王大妃殿: 헌종비 효정왕후), 대비전(大妃殿: 철종비 철인왕후), 중궁전(中宮殿)과 함께 경복궁으로 이어하자 대왕대비는 전교하기를, "법궁(法宮)을 영건(營建)한 지 겨우 40달가량밖에 되지 않는데, 지금 벌써 이어하게 되었다. 300년 동안 미처 하지 못하던 일을 이렇게 완공하였으니, 그 기쁘고 다행한 마음을 이루 다 말할 수 있겠는가?" 하였습니다.

경복궁의 중건과 함께 고종 대의 국정 운영에 따른 양궐체제는 동궐과 서궐에서 북궐과 동궐로 바뀌었습니다. 고종이 경복궁에 이어하면서 조선왕조의 궁궐의 운영 방식은 새로 지은 경복궁을 법궁으로 삼고 창덕궁은 다시 이궁이 되면서 경희궁은 이궁으로서의 위치를 잃게 사용되었습니다.

# 경복궁 중건으로 인한 훼철과 변모

　　《경복궁영건일기》의 기록을 구체적으로 살펴보면 경복궁 중건이 시작된 직후인 1865년(고종 2) 4월부터 8월까지 경희궁 훼철 작업이 이루어졌습니다. 고종 2년 4월 경복궁 중건이 시작됨에 따라 경희궁의 대부분 전각을 헐어 경복궁 중건에 사용하였습니다.

　　이후 전각이 철거된 경희궁 부지의 사후 처리에 대한 기록들이 보입니다. 1868년(고종 5) 6월에 경복궁 중건을 마무리한 후 경희궁, 용동궁, 수진궁, 어의궁 등 4개 궁방을 비롯한 몇몇 관청에 분배하여 밭을 개간하여 채마밭으로 경작하였다는 기록과 곡식 보관 창고가 부족하여 1872년(고종 9)에 곡식을 저장할 200칸의 창고를 지은 것과 화약 보관 창고를 세웠다는 기록이 있습니다.

　　그리고 1899년에는 경희궁지 평탄한 곳에 관병식장을 만들고, 7천 냥의 내탕금을 내려 사정(射亭)인 황학정을 회상전 북쪽에 건립했으니

뽕나무로 덮인 경희궁, Villetard de Laguérie, 1898년

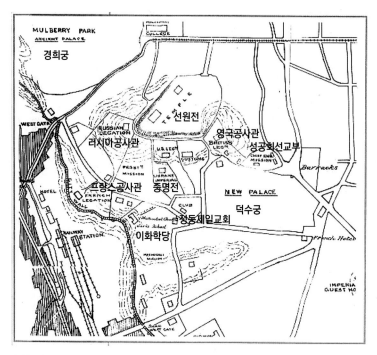

〈서울 지도Western Quarter of Seoul〉

다. 1902년에는 경운궁에서 경희궁으로 건너가기 위한 운교(雲橋: 홍교) 를 건설했다가 고종이 퇴위한 후 1908년에 철거되었습니다.

개화기 당시 한성에 체류한 것으로 보이는 미국인 선교사 길모어(G. W. Gilmore)라는 서양인이 쓴 《서울풍물지Korea from its Capital》에는 1883년(고종 20) 경희궁 터에 뽕나무를 심고 양잠소를 설치했다는 기록 이 있고, 영국공사관의 육군 무관 콜로네 브라운(Colonel Brown) 대령 이 작성한 1901년 서울 중심 지도 〈Western Quarter of Seoul〉의 경희궁 위치에 '옛 왕궁'이나 '뽕나무 궁궐'이란 표기가 있습니다. 실제로 조선 말의 경희궁 지역 사진을 보면, 건물이 몇 동 안 남아 있고 전각 주변은 허허벌판임을 확인할 수 있습니다. 경복궁 중건을 위해 전각 대부분이 철거되면서 궁궐로서의 기능을 상실한 경희궁에는 숭 정전을 비롯하여 남아 있는 전각 5채는 이후 사신 접대 등 행사 용도 로 간간이 사용되었습니다.

**▌경희궁 운교와 개양문**

1902년 경희궁 터에서 고종 어극(御極) 40년을 경축하는 칭경예식(稱慶禮式)을 했다. 이때 경운궁과 경희궁 터를 잇는 시설물로 운교(雲橋: 구름다리)와 홍교(虹橋: 무지개다리) 를 설치했다. 1902년 8월에 착공되어 그해 10월에 완공한 이 구름다리는 러시아공사 관 뒤쪽과 경희궁 남쪽을 연결한 것으로, 칭경기념식 때 고종 황제의 전용 통로 목적으 로 건설되었다.

〈매일신문〉 1898년 9월 7일자 기사에 "경운궁 북문 근처로부터 서궐(경희궁) 개양문(開 陽門)까지 구름다리를 놓고 흥화문 앞부터 홍릉까지 철로를 놓는다 하더라"는 내용이 보인다. 실제로 1902년 구름다리가 건설된 때는 4년 후이지만 이 기사는 경희궁의 남 문 개양문의 위치와 운교가 설치된 방향을 알게 해주는 기사이다.

〈대한매일신보〉 1908년 3월 28일자에는 "태황제 폐하께서 경희궁 안 황학정에서 활을 연습하실 터인 고로 새문안 구름다리로 통한 어로를 수리하였다"는 기사가 남아 있다. 《경성부사京城府史》 제1권(1934)에는 이 육교가 1908년경에 철거되었다고 기록했다.

● 《경복궁 영건일기》 고종 2년(1865) 8월 22일 맑음

서궐(경희궁) 내에는 숭정전, 회상전, 정심합(正心閤), 사현합(思賢閤), 흥정당 (興政堂)만 남기고 그 나머지는 모두 헐었다. 목재를 가져오니 다수가 썩었다. 이 가운데 좋은 것을 골라서 나인칸(內人間: 나인들의 처소)과 각사의 건조에 사용했다.

1910년 당시 일제 경성부에서 간행한 《경성부사》에 따르면 경희궁에 남아 있는 전각이 숭정전, 회상전, 흥정당, 흥화문, 황학정뿐이라는 기록이 나오는데, 이는 《경복궁 영건일기》의 기록과 일치합니다.

흥선대원군은 경복궁 중건을 위한 자재를 확보하기 위해 경희궁 전각의 대부분(90%)을 헐어서 건축재로 사용하였습니다. 후에 일제가 경희궁에 손을 댄 것은 이미 채마밭으로 변한 경희궁 터에 방치되어 있던 잔여 전각 5개를 외부에 매각한 것뿐입니다. 즉 경희궁 훼손의 시작은 경복궁 중건에 있었고 이후 일제강점기에 2차적인 훼철로 경희궁의 전각이나 문이 여러 곳으로 팔려나가고 그 빈 자리에 현대식 건물이 들어서게 된 것입니다.

경희궁은 고종 때 이미 궁궐의 기능을 상실하고, 그 터는 폐허로 변해갔습니다. 경희궁에 남았던 일부 전각은 창고로 사용되었고, 경희궁의 빈터에는 양잠을 장려하기 위해 뽕나무밭을 만들었으며, 숭정문 주변 행각에는 양잠을 위한 시설이 설치되었습니다.

대한제국기에는 대안문(大安門)을 중심으로 방사형 도로망 건설 등 경운궁(慶運宮: 덕수궁)을 중심으로 하는 도시 정비가 이루어지자 빈터였던 경희궁에서 관병식을 행하여 군사 훈련장으로 기능하였습니다. 더욱이 경희궁과 경운궁 사이를 연결하는 운교를 설치하여 고종 황제가 군대열병식에 쉽게 참관할 수 있도록 하였습니다.

# 경희궁 터에 들어선 경성중학교

경희궁이 궁궐로서의 면모를 완전히 상실하게 된 것은
1910년 경성중학교가 이곳에 들어서면서부터입니다. 일본 관료 자제
들의 학교인 경성중학교가 설립되고 경희궁 서편에 교사를 지었습니
다. 1920년 후반부터는 그나마 몇 개 남아 있던 전각마저 외부에 매각
됨으로써 경희궁 건물은 완전히 사라졌습니다.

한편 경성중학교는 1933년 대화재로 목조 건축인 본관이 불탔고,
1935년 신축 교사를 완공했습니다. 8·15 광복 후에는 경희궁은 학
교 부지로 활용했습니다. 경성중학교는 1946년 교명을 현 서울고등학

1987년 경희궁 터의 서울중고등학교 교사 건물 (서울역사박물관 소장)

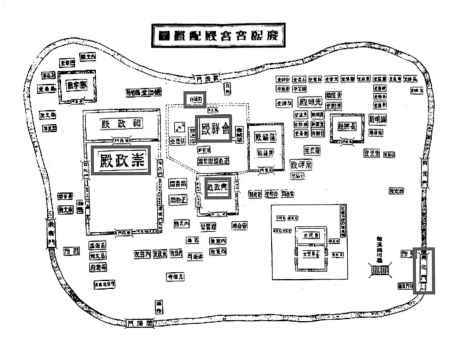

〈경희궁 궁전 배치도〉(1940년)에서 파란색 박스 선은 숭정전, 회상전, 황학정, 흥정당, 흥화문으로, 경희궁으로 경성중학교가 이전할 당시 남아 있던 전각들이다.

교의 전신인 서울공립중학교로 개교했으며, 1980년 서울고등학교가 강남구 서초동으로 이전하자 서울시가 경희궁지를 매입해 공원을 만들었습니다. 1990년대에 서울특별시와 문화재청에서 경희궁 복원 사업의 일환으로 기존 학교 건물을 철거하고 여러 차례의 발굴 조사를 거쳐 2001년 경희궁지를 복원하였습니다.

# 일제강점기, 경희궁의 훼손

　　한일병합이 되면서 경희궁지는 총독부에서 관리했습니다.
일제는 1922년 궁역 동쪽 땅 21,000평을 전매국 관사 부지로 팔아넘
겼고, 궁역의 일부에 신문로(新門路)를 내면서 1934년 경희궁 부지는
41,319평으로 축소되었습니다.

　　경희궁은 1910년 일제의 강제병합과 함께 조선총독부의 소유가 되
면서 궁궐의 지위를 완전히 상실하게 되었습니다. 당시 경희궁 내에
남아 있는 전각은 숭정전, 회상전, 흥정당, 흥화문, 황학정뿐이었습니

프랑스어 교사인 샤를 알레베크가 1901년 이전에 촬영한 경희궁 숭정전

## ● 일제에 의한 경희궁 전각 이전

| 전각 명칭 | 이건 시기 | 이건 장소 | 비고 |
|---|---|---|---|
| 황학정 | 1922년 | 사직동 사직공원 내 | 현존 |
| 개양문 | ? | 일본 사찰 서원본사에서 성균관대 | 소실 |
| 숭정전 | 1926년 | 필동3가 조계사(현 동국대 정각원) | 현존 |
| 회상전 | 1928년 | 필동3가 조계사(현 동국대) | 1936년 소실 |
| 흥정당 | 1928년 | 장충동 1가 고야산 광운사 | ? |
| 흥화문 | 1932년 | 장충동 2가 춘무산 박문사 | 1988년 이건 |

다. 이러한 전각들은 일본 거류민 학교인 경성중학교가 경희궁에 들어
서면서 경성중학교의 교사(校舍)나 임시 소학교 교원양성소로 사용되었
고, 빈터는 학교 운동장이 되었습니다.

이후 경성중학교에 부설된 임시 소학교 교원양성소가 경성사범학교
로 인계되어 운영되자 교실로 사용된 숭정전과 회상전은 필요가 없어
졌습니다. 따라서 숭정전은 1926년 일본계 사찰인 조동종 양본산별원
조계사로 팔려나가 본당으로 사용되었습니다. 이후 조계사는 혜화불
교전문학교(현 동국대학교)로 소유권이 넘어가 숭정전은 강의실 등으로
사용되다가 동국대학교 법당 정각원(正覺院)으로 개원하였습니다. 회상
전과 함께 교원양성소 교실과 기숙사로 쓰인 흥정당도 1928년 장충동
에 있는 광운사로 이전되었습니다.

이토 히로부미의 사당 박문사의 정문으로 사용된 흥화문. 이 자리에 복제된 흥화문이 현재 신라호텔 출입문으로 세워져 있다.

또한 흥화문은 1931년 이토 히로부미를 위해 지은 절인 박문사(博文寺) 정문으로 옮겨져서 경춘문(慶春門)이라는 이름으로 바뀌었다가 해방 후 신라호텔이 들어서자 호텔 정문으로 사용되었습니다. 현재는 서울시의 경희궁 복원 사업으로 인해 경희궁 터로 되돌아오기는 했지만, 원래의 자리에 채워지지 못했습니다.

이처럼 1930년대에 이르면 경희궁의 남아 있는 전각은 모두 흩어져 다른 용도로 사용되는 등 경희궁은 궁궐로서의 정체성이 완전히 사라지게 되었습니다. 게다가 2002년에 서울시는 경희궁 부지에 ✿서울 역시박물관을 지어서 현재 경희궁 복원에 더 큰 걸림돌이 되고 말았습니다.

1987년부터 시작된 발굴과 복원 이후 2002년 5월 경희궁이 개관한 지 벌써 20년이 지났지만, 우리는 역사의 회복에 100년은커녕 20년 앞도 내다보지 못했습니다.

✿ **서울역사박물관** : 1980년 서울고등학교가 강남으로 이전하고 서울시가 경희궁 터 서쪽 부지를 서울시교육청에게 떼어내 주었다. 서울시교육청은 경희궁 터 서쪽에 청사 및 부속 건물들을 신축한 후 1981년 이전했다. 서울특별시는 경희궁 터 한복판에 지어진 서울고등학교의 본관을 철거하지 않고 있다가 1988년 개축하여 서울시립미술관을 개관했다. 2002년 서울시립미술관 본관이 서소문 본관으로 이전하면서, 경희궁 내 미술관은 서울시립미술관 분관으로 사용되다가 2016년 말 미술관 분관이 철거되었다. 경희궁 유적 발굴이 한창 진행되고 있을 때 서울시는 경희궁 터 내에 서울역사박물관 건축을 추진했다. 아직 유적이 발굴되지 않은 부지에 건물을 올려 2002년 완공되었다.

2016년 이전하기 전 경희궁 내에 있었던 서울시립미술관

# 계속되는 훼손

　　광복 이후에는 특히 서울시에 의한 경희궁 훼손이 진행되었습니다. 경희궁 터는 광복 후 서울중·고등학교로 쓰이다가 1980년 5월 서울고등학교가 강남으로 이전하면서 현대건설에 매각되었습니다. 그 뒤 서울시에서 이 터를 매입하여 사적 제271호로 지정하였으나, 서울시의회에서 경희궁 복원 비용에 대한 문제점을 제기하면서 복원 공사는 중지되었고, 서울시에서 경희궁 터에 서울역사박물관을 세우면서 다시 훼손되었습니다. 창건 당시의 경희궁 규모는 무덕문지(북문)의 유구가 발견된 대한축구협회, 성곡미술관, 일조각 출판사, 내수동 교

1980년 복원되기 직전의 서울중고등학교 경희궁 교사

1981년 경희궁 터에 건립된 서울시교육청

회, 구세군회관, 서울시교육청, 서울복지재단 부지와 기상청 서울관측
소 일부도 포함되는 것으로 추측됩니다.

　서울시는 경희궁 터에 서울시교육청(1981년), 서울시립미술관(1988
년), 서울역사박물관(2002년), 서울복지재단 등을 짓는 과정에서 기존
경희궁 유적과 유구에 대한 발굴과 보존 조치를 거의 취하지 않아 유
적지가 파괴되었습니다. 현재 경희궁 터에는 서울시교육청, 기상청(일
부), 서울역사박물관, 서울복지재단 등의 공공기관과 대한축구협회, 성
곡미술관, 일조각 출판사, 내수동 교회, 구세군회관 등의 민간 건물이
들어서 있습니다. 그리고 경희궁 터 공원 내에는 신라호텔로 옮겼던
경희궁의 정문인 흥화문이 남쪽으로 옮겨졌으며, 정전인 숭정전의 복
원 작업이 1994년 11월에 완료되었습니다.

지금 흥화문이 세워진 자리는 경희궁의 남문 개양문이 있던 곳입니다. 개양문은 원래 관리들이 경희궁 궐내각사로 들어가기 위해 사용하던 문입니다. 경희궁의 현재 상황에서 경희궁으로 들어가는 경로가 서울역사박물관 건물 내부 로비를 통하거나 주차장을 돌아 숭정문 앞마당으로 가는 방법이 좋기는 합니다. 그러나 현재 흥화문의 위치가 숭정문을 마주 보는 일직선상에 놓여 있어서 걸음을 옮기면서 펼쳐지는 시각이 꽤 좋습니다. 좌우의 우거진 숲을 끼고 숭정문으로 접근하는 방식은 짧지만, 경희궁에 다가서는 의미가 상당히 강렬합니다. 마치 궁궐 정문을 통해 정전에 드는 동선이 원래 이렇게 구성되어 있었던 것 같은 착각이 들 정도입니다. 금천교를 지나지 못하는 접근이 많이 아쉽기도 하지만, 숭정문은 오히려 흥화문을 통해 다가서는 것이 제게는 훨씬 좋습니다. 서울역사박물관이 언제쯤 이전을 할지 알 수는 없으나 아주 기대가 없는 것보다는 낫습니다. 지금 경희궁지가 온통 침범당해 좁아진 입지에서 그나마 서울역사박물관 자리에 궐내각사 영역이 들어설 수 있는 여지가 생겼기 때문입니다. 경희궁의 훼손 과정이 어떠했든 간에 경희궁이 지니는 우리 역사에서 차지하는 비중을 생각해 보면 반드시 회복되어야 할 명분은 충분합니다.

　경희궁에 가면 몇 채 안 되는 전각뿐이고 구성의 전체가 대부분 훼손된 상처투성이 궁궐이지만, 이 현실이 너무 안쓰럽고 속상하기만 한 것은 아닙니다. 봄꽃 피는 날 그곳에는 언제 경희궁에 살았던 사람들을 만나 소통하고 서로 위로할 수 있기 때문입니다. 제가 경희궁을 사랑하는 이유입니다.

# 부록_경희궁 복원 과정

● 경희궁 터 발굴 조사 및 복원 과정
서울시의 〈경희궁지 복원과 시민사적공원 조성 계획〉에 따라 경희궁 터 유구 발굴 조사 진행

● 1차 유구발굴 조사(1985년 8월 7일~11월 20일) 단국대학교박물관
본격적인 발굴 조사를 위한 서울고등학교 건물 지역을 제외한 지역의 유구 발굴 조사.
숭정전 하월대의 것으로 추정되는 장대석 일부와 어계(御階), 동쪽 행랑의 초석 2점, 서쪽 회랑 아래쪽의 암거(暗渠) 배수구, 숭정문 터의 적심석 6기, 숭정문의 계석지(階石址) 확인, 기와 조각과 자기 조각 등 1,000여 점의 유물을 출토

● 2차 유구발굴 조사(1986년 12월 29일~1987년 6월 30일) 단국대학교박물관
1986년 6월 홍익대학교 부설 환경개발연구원이 〈경희궁 근린공원조성 기본 계획〉 진행
1차 발굴 지역을 제외한 경희궁 터 전역을 대상으로 조사
2개의 건물지, 배수지를 확인

● 숭정전, 자정전, 태령전 터 발굴 조사, 명지대학교 부설 한국건축문화연구소
숭정전과 숭정문, 동서남북 회랑의 위치 확인을 위해 5차례의 발굴 조사(1988년~1994년)

① 1988년 12월~1989년 5월 : 숭정전 건립부지 발굴 조사
   월대석 노출, 숭정전 위치 확인
② 1989년 10월~12월 : 숭정전 동서 월랑과 상하 월대의 유구 발굴 조사
③ 1990년 3월~5월 : 숭정문 및 남회랑지 발굴조사
④ 1991년 11월~1992년 8월 : 자정문지 및 북회랑지 발굴 조사

5 1993년 11월~1994년 2월 : 자정전지 및 숭정전 서북 회랑지 발굴 조사
   숭정전 북쪽 회랑 초석 4기, 적심 5기, 초석 7기, 바닥에 전돌이 깔린 천랑
   (穿廊) 터 발굴


● 자정전 터 발굴조사 한국건축문화연구소
1차 조사(1991년 11월~12월)
자정문 터 암거 배수구, 자정문의 서쪽 기단 확인
2차 조사(1993년 11월~1994년 2월)
자정전 기단의 장대석 일부 발굴
3차 조사(1995년 7월~1996년 1월)
자정전 앞마당, 서쪽 부분과 북쪽 지역 발굴, 숭정전 서쪽 회랑 터 1칸 구들자리
발굴


● 태령전 터 발굴조사(1996년 10월~1997년 4월) 한국건축문화연구소
태령전의 위치와 규모를 알려주는 결정적인 유구는 발견되지 않음, 배수로와 적
심 3기, 적심석 등을 발굴, 콘크리트 옹벽에 묻혀 있던 영렬천(靈洌泉) 발굴


● 경희궁 복원 사업
여러 차례의 발굴 결과와 문헌 고증을 거쳐 경희궁 전각 복원사업 진행
1987년 흥화문 복원(원 위치에 구세군회관 건물이 있어서 서쪽으로 100여 미
터 이동하여 개양문 위치에 복원)
1991년 숭정전 복원
1998년 자정전과 회랑 복원
2000년 태령전과 그 일곽 복원

# 부록_경희궁 십경

오늘 당신의 여행은 어떤 그림으로 기억에 남을까요? 경희궁은 여러 표정으로 당신께 기억되겠지요. 경희궁 십경의 아름다움을 당신의 마음속 화첩에 그려보십시오.

| | |
|---|---|
| | **1경**<br>〈서궐도〉에서 흥화문으로 들어가기 |
| | **2경**<br>금천교의 여름 물길 건너기 |
| | **3경**<br>숭정전 월대 계단의 문양 조각 |
| | **4경**<br>서암 언덕의 봄 |

| | |
|---|---|
|  | 5경<br>자정전 뒤편 화계 |
|  | 6경<br>숭정전 동서 행각 |
|  | 7경<br>숭정전 동편의 가을 느티나무 |
|  | 8경<br>〈서궐도안〉으로 보는 경희궁 |
|  | 9경<br>숭정문으로 가는 동편 계단 숲길 |
|  | 10경<br>북쪽 숲길에서 바라본 경희궁 |

# 부록_조선왕조 가계도

**1대 태조** : 신의왕후 한씨

방우
**2대 정종**
방의
방간
**3대 태종** : 원경왕후 민씨
방연

양녕대군
효령대군
**4대 세종** : 소헌왕후 심씨
성녕대군

**5대 문종** : 현덕왕후 권씨 ─── **6대 단종**

**7대 세조** : 정희왕후 윤씨
안평대군
임영대군
광평대군
금성대군
평원대군
영응대군

의경세자(덕종) : 소혜왕후 한씨
**8대 예종**

**9대 성종** : 폐비 윤씨 ─── **10대 연산군**
: 정현왕후 윤씨 ─┐

**11대 중종** : 장경왕후 윤씨 ─── **12대 인종**
: 문정왕후 윤씨 ─── **13대 명종**
: 경빈 박씨 ─── 복성군
: 희빈 홍씨 ─── 금원군
─── 봉성군
: 창빈 안씨 ─── 영양군
─── 덕흥대원군

**14대 선조**

14대 선조 : 의인왕후 박씨
: 인목왕후 김씨—— 영창대군
: 공빈 김씨 —— 임해군
**15대 광해군**
: 인빈 김씨 —— 의안군
신성군
정원군 —— **16대 인조** : 인열왕후 한씨
의창군
소현세자
**17대 효종** : 인선왕후 장씨
인평대군
용성대군 | **18대 현종** : 명성왕후 김씨
|
**19대 숙종** : 인경왕후 김씨
: 인현왕후 민씨
: 인원왕후 김씨
: 희빈 장씨 —— **20대 경종**
: 숙빈 최씨 —— **21대 영조**

21대 영조 : 정성왕후 서씨
: 정순왕후 김씨
: 정빈 이씨 —— 효장세자(진종)
: 영빈 이씨 —— 사도세자 : 혜빈 홍씨 —— **22대 정조** : 효의왕후 김씨
: 의빈 성씨 —문효세자
: 수빈 박씨—— **23대 순조** : 순원왕후 김씨
효명세자(익종) : 신정왕후 조씨
: 숙빈 임씨—— 은언군—— 전계대원군—— **25대 철종** | **24대 헌종**
은신군—— 남연군 —— 흥선대원군 : 여흥부대부인 민씨
: 경빈 박씨—— 은전군 | **26대 고종**

26대 고종 : 명성황후 민씨 —— **27대 순종** : 순명효황후 민씨
: 순정효황후 윤씨
: 귀인 엄씨 ———— 영친왕
: 귀인 이씨 ———— 완친왕
: 귀인 장씨 ———— 의친왕
: 귀인 정씨 ———— 우
: 귀인 양씨 ———— 덕혜옹주

# 부록_경희궁 연표

| 연도 | 왕 | 재위 연대 | 월 일 | 주요 기사 |
|---|---|---|---|---|
| 1617 | 광해군 | 9 | 6. | 궁궐 창건 공사 시작, 궁호를 서별궁이라 함 |
| | | | 7. 29 | 궁호를 서별궁에서 경덕궁(慶德宮)으로 개칭 |
| 1620 | | 12 | 11. | 경덕궁 공사가 대부분 완료됨 |
| 1623 | 인조 | 1 | 3. 13 | 인조반정 후 인조가 경운궁 즉조당에서 즉위 |
| 1624 | | 2 | 2. 22 | 이괄의 난으로 창경궁이 불 타자 왕이 경덕궁 이어 |
| 1625 | | 3 | | 융정전에서 소현세자 관례를 치름 |
| 1626 | | 4 | 1. 14 | 계운궁(인헌왕후 구씨)이 회상전에서 승하 |
| 1627 | | 5 | 4. 12 | 정묘호란, 왕이 강화도에서 경덕궁으로 이어 |
| 1636 | | 14 | 12. | 병자호란, 왕이 남한산성으로 피신 |
| 1650 | 효종 | 2 | 12. | 왕대비를 받들고 경덕궁으로 이어 |
| 1655 | | 6 | 12. | 승휘전, 어조당, 만상루 등을 철거하여 창덕궁 전각 복구 |
| 1661 | 현종 | 2 | 8. 15 | 숙종이 회상전에서 탄생 |
| 1674 | | 15 | 2. 24 | 인선왕후(효종비) 장씨가 회상전에서 승하 |
| 1680 | 숙종 | 6 | 10. 26 | 인경왕후 김씨가 회상전에서 승하 |
| 1684 | | 10 | 9. 19 | 숭정전에서 잔치가 끝나고 시를 지음 |
| 1702 | | 28 | 10. 13 | 임금이 별궁에서 친영례를 행하고 대궐로 돌아옴(인원왕후) |
| 1704 | | 30 | | 춘화정 건립 |
| 1708 | | 34 | 8 | 임금이 '서암瑞巖' 두 글자를 써서 새겨두게 함 |
| 1710 | | 36 | 1 | 왕이 경덕궁으로 이어. 50세의 헌수하례를 숭정전에서 받음 |
| 1718 | | 44 | 가을 | 왕세자(경종)가 광명전에서 가례를 행함(선의왕후) |
| 1720 | | 46 | 6. 8 | 숙종이 융복전에서 승하 |
| | 경종 | 원년 | 6. 13 | 경종이 숭정전에서 즉위 |

| | | | | |
|---|---|---|---|---|
| 1730 | | 6 | 6. 29 | 선의왕후 어씨가 어조당에서 승하 |
| 1732 | | 8 | | 규장각 건립 |
| 1733 | | 9 | | 새로 이모한 어진을 태령전에 봉안 |
| 1760 | | 36 | 2. 28 | 경덕궁에서 경희궁으로 궁호 변경 |
| | 영조 | 37 | 6. | 세손이 경현당에서 관례를 치름 |
| 1761 | | 38 | 2. 2 | 경현당에서 세손의 가례초계를 행하고 명광전에서 가례 |
| 1770 | | 46 | | 왕이 세손을 데리고 홍문관에 와서 강독하고 음식을 하사함 |
| 1774 | | 50 | | 정묘 어제 《경희궁지》 발간 |
| 1775 | | 51 | | 세손이 경현당에서 대리청정을 함 |
| 1776 | | 52 | 3. 5 | 영조가 집경당에서 승하 |
| | 정조 | 즉위 | 3. 10 | 정조가 숭정문에서 즉위 |
| 1819 | | 19 | 3. | 효명세자의 관례를 경현당에서 치름 |
| | | | 8. 11 | 효명세자빈 (초간택)-삼간택을 장락전에서 행함 |
| 1829 | 순조 | 29 | 10. 3 | 화재로 회상전, 융복전, 흥정당, 정시합, 집경당, 사현합이 불에 탐 |
| 1830 | | 30 | 3. | 서궐영건도감 설치 |
| 1831 | | 31 | 6. | 건물을 중건하고 《서궐영건도감의궤》 작성 |
| 1834 | | 34 | 11. 13 | 순조가 회상전에서 승하 |
| | 헌종 | 즉위 | 11. 18 | 헌종이 숭정문에서 즉위 |
| | | 2 | 4.~ 8. | 경복궁 중건 건축재로 건물을 헐어서 옮겨 감 |
| 1875 | 고종 | 12 | | 숭정전에서 청나라 사신을 맞이하는 행사를 함 |
| 1889 | | 26 | 9. 14 | 숭정문에서 화재 발생, 행각 40여 칸이 소실됨 |
| 1897 | | 1 | 10. | 대한제국을 선포하고 고종이 황제위에 오름 |
| 1898 | | 2 | 9. 15 | 흥화문에서 동대문과 서대문을 잇는 전차로 기공식을 함 |
| 1899 | 광무 | 3 | 8. | 고종 황제의 명으로 회상전 북쪽에 황학정을 지음 |
| 1902 | | 6 | 8. | 경희궁과 경운궁을 연결하는 운교 설치 |
| 1905 | | 9 | | 을사조약 체결 |

| 1908 | 융희 | 2 | | 경희궁과 경운궁을 연결하던 운교 철거 |
|------|------|---|--------|------|
| 1909 | | 3 | | 통감부 중학 세움 |
| 1910 | | 4 | | 한일병합, 경희궁이 총독부 소유가 됨<br>경성중학교 교사가 완공되어 이전 |
| 1911 | | 5 | 6. 26 | 경희궁 토지와 건물 전부를 총독부에 인계 |
| 1915 | 일제 | | | 흥정당을 임시소학교 교원양성소 부속 단급소학교 교실로 사용 |
| 1923 | | | | 황학정을 일반인에게 매각하고 사직단 동쪽으로 이전 |
| 1926 | | | | 숭정전을 조계사에 매각(현 동국대학교 정각원) |
| 1928 | | | | 흥정당을 광운사에 매각. 회상전을 조계사에 매각 |
| 1932 | | | | 흥화문을 박문사로 옮겨 정문으로 사용 |
| 1934 | | | | 경희궁 부지 매각이 계속되어 41,319평으로 축소됨 |
| 1944 | | | 8. | 회상전과 융복전 터에 방공호를 만듦 |
| | 해방 | | | 미군 부대 주둔 |
| 1946 | | | 2. | 서울중·고등학교 개설 |
| 1988 | | | 12. 7 | 서울시에서 숭정전 복원 계획을 세움.<br>흥화문을 현 위치에 이건 |
| 1994 | 복원 | | 6. | 6월~11월 명지대에서 1차 보존 정비조사 |
| | | | 10. | 숭정전과 숭정문을 연결하는 서남쪽 행각 복원 |
| 1997 | | | 11. 14 | 서울시립박물관 건물 완공 |
| 1998 | | | 6. | 자정전 및 회랑 복원 |
| 2000 | | | | 태령전 복원 |
| 2001 | | | | 금천교 복원.<br>서울시립박물관 명칭을 서울역사박물관으로 변경 |
| 2002 | | | 5. 21 | 숭정전 등 정전 지역을 복원하여 2002년부터 일반 시민에게 공개, 서울역사박물관 개관 |

## 참고문헌

● 인터넷

국립고궁박물관(www.gogung.go.kr)
국립중앙박물관(www.museum.go.kr)
문화재청(www.cha.go.kr)
서울역사박물관(museum.seoul.go.kr/)
서울대학교규장각한국학연구원, http://e-kyujanggak.snu.ac.kr/
서울六百年史 http://seoul600.seoul.go.kr/
승정원일기, http://sjw.history.go.kr/
위키백과, http://ko.wikipedia.org/
조선왕조실록, http://sillok.history.go.kr/
한국학중앙연구원(www.saramin.co.kr)
한국민족문화대백과 http://encykorea.aks.ac.kr/

● 단행본

《경희궁은 살아 있다》, 서울역사박물관, 2015
《경희궁지발굴조사보고서》, 문화재관리국, 1985
《국립중앙박물관소장 유리건판, 궁궐》, 국립중앙박물관, 2007
《궁궐의 현판과 주련3 경희궁》, 수류산방, 2004
《궁궐지 1: 경복궁, 창덕궁》, 서울학연구소, 1994
《궁궐지 2: 창경궁, 경희궁, 도성지》, 서울학연구소, 1994
《국조오례의》, 김재완 편저, 한국의재발견, 2021
조선미, 《한국초상화연구》, 열화당, 1983
《한경지략》, 유본예(권태익역) 탐구당, 1975
《향토문화사자료총서 경희궁》, 종로문화원, 2012

● 첨부 자료

서궐도안, 서궐도 채색본(현대)
정원군 초상, 영조 어진, 연잉군 초상

● 논문

〈경희궁 복원을 위한 전각배치에 관한 연구〉, 최종규, 명지대학교대학원 건축공학과, 1999

〈고종시대의 경희궁〉, 은정태, 역사문제연구소, 2009

〈영조의 慶熙宮 改號와 移御의 정치사적 의미〉, 윤정, 경상대학교

〈영조을유기로연 · 경현당수작연도병의 제작배경과 작가〉, 김양균, 서울역사박물관, 2007

〈영조의 기로소 행차와 기로소 계첩〉, 박정혜, 한국학중앙연구원, 2008

〈일성록해제〉, 전해종, 서울대학교도서관, 1982

〈1873년 일성록의 일부 소실과 개수〉, 최승희, 규장각,1989

〈조선 인조-영조 연간의 궁중연향과 미술〉, 이성미, 민속원, 2001